MORTE CEREBRAL E TRANSPLANTE DE ÓRGÃOS

Do Ético ao Jurídico

PAOLO BECCHI

MORTE CEREBRAL E TRANSPLANTE DE ÓRGÃOS

Do Ético Ao Jurídico

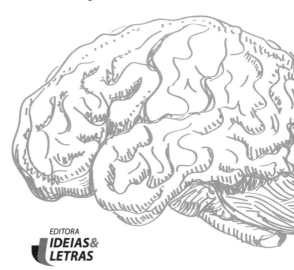

DIREÇÃO EDITORIAL: Marcelo C. Araújo	COPIDESQUE: Ana Aline Guedes da Fonseca de Brito Batista
COMISSÃO EDITORIAL: Avelino Grassi Edvaldo Araújo Márcio Fabri dos Anjos	Ana Rosa Barbosa REVISÃO: Thiago Figueiredo Tacconi
TRADUÇÃO: Ephrain Ferreira Alves	DIAGRAMAÇÃO E CAPA: Érico Leon Amorina

Morte Cerebrale e Trapianto di Organi - Una Questione di Etica Giuridica
© Editrice Morcelliana, 2008.
Via Gabriele Rosa 71 25121 Brescia
ISBN: 978-88-372-2240-6

Edição brasileira por Márcio Fabri dos Anjos

Todos os direitos em língua portuguesa, para o Brasil,
reservados à Editora Ideias & Letras, 2014.

EDITORA
**IDEIAS &
LETRAS**

Rua Diana, 592
Cj. 121 - Perdizes
05019-000 - São Paulo - SP
(11) 3675-1319 (11) 3862-4831
Televendas: 0800 777 6004
www.ideiaseletras.com.br

Dados Internacionais de Catalogação na Publicação (CIP)
(Câmara Brasileira do Livro, SP, Brasil)

Becchi, Paolo
Morte cerebral e transplante de órgãos: do
ético ao jurídico / Paolo Becchi; (traduzido
por Ephrain Ferreira Alves). 1ª ed.
São Paulo: Ideias & Letras, 2014.
Título original: *Morte Cerebrale e Trapianto di
Organi : Una Questione de Etica Giuridica.*

ISBN 978-85-65893-62-6

1. Cérebro - Morte - Tomada de decisão -
Aspectos morais e éticos 2. Direito médico
3. Ética médica 4. Transplante de órgãos, tecidos
etc. - Aspectos morais e éticos I. Título.

14-07858   CDD-174.2

Índices para catálogo sistemático:

1. Morte cerebral e transplantes de órgãos e
tecidos : Direito médico : Ética médica 174.2

*Aquilo que acontece nos meandros da morte não é
só um evento exterior. De acordo com minha convicção, o
morrer é um processo físico-metafísico.
Conviria que fôssemos cautelosos
com nossas definições.*

Otto Schily
(Intervenção no debate parlamentar de 25/06/1997)

ÍNDICE

Introdução à edição brasileira - 13

I

Quando morremos? A nova definição de morte e suas justificações - 17

1. Observação preliminar 17
2. Uma nova definição de morte 21
3. A tentativa de justificação científica 26
4. O apoio filosófico à teoria médico-científica do integrador central 38

II

Duas posições filosóficas alternativas em confronto: Hans Jonas e Peter Singer - 43

1. Hans Jonas contra a corrente 43
2. Uma mãe morta com uma criança viva no útero? 63
3. Os exórdios pouco luminosos de Peter Singer 67
4. Além do véu da ficção 85
5. Além de Jonas, além de Singer 95

III
O debate médico-científico em torno da morte cerebral - 99

1. Observação preliminar 99
2. Morte cerebral: perda irreversível de todas as funções cerebrais? As teses de Robert Truog e James Fackler 100
3. Morte cerebral: morte do organismo? As teses de Alan Shewmon. 105

VI
As ambiguidades do discurso religioso - 113

1. Observação preliminar 113
2. Um célebre discurso de Pio XII 115
3. As ambiguidades de João Paulo II e a posição divergente do cardeal Ratzinger. 120
4. Uma voz de peso dissonante: o cardeal Meisner. 129
5. O novo Catecismo da Igreja Católica 133
6. As disposições vigentes no Estado da Cidade do Vaticano com respeito à certificação do óbito. 135

V
Morte encefálica e transplantes:
Aspectos éticos e jurídicos de legislações no Brasil - 137
(Luiz Antônio da Costa Sardinha, Reinaldo Ayer de Oliveira)

Introdução 137
1. Legislação no Brasil: em casos de transplantes *post mortem* e de morte encefálica. 138
2. Sobre a definição de morte encefálica. 141
3. Dificuldades no diagnóstico de morte encefálica 144
4. Testes clínicos 147
5. Teste de apneia 147
6. Dificuldades no teste de apneia. 149
7. Legalidade e caráter ético da suspensão de procedimentos em caso de morte encefálica do não doador 151
8. A ética da manipulação de cadáveres. 152

9. Legislação sobre a morte.............................. 155
10. Terminalidade da vida 158
11. Morte e vida celular 157

Questões éticas - 163

Nota ao texto (Capítulo V) - 171

Referências bibliográficas - 173

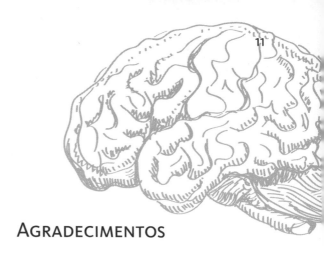

Agradecimentos

Devo à sensibilidade que a Editora Morcelliana mostrou, com relação às minhas pesquisas, a ideia de dar organicidade a uma série de reflexões que foram aos poucos amadurecendo no decurso dos últimos anos sobre o tema da nova definição de morte segundo os critérios neurológicos e do transplante de órgãos extraídos de pacientes em estado de morte cerebral atestada.

Assim, procurei traçar um quadro abrangente, realçando, sobretudo, os aspectos éticos, sem renunciar, no entanto, a oferecer ao leitor alguma informação jurídica referente à nossa legislação.

Espero que este livro possa interromper o silêncio complacente sobre o tema.

Um particular agradecimento é o que desejo exprimir à doutora Rosangela Barcaro, que há anos vem me acompanhando nessas minhas pesquisas – muitas vezes até elaborando comigo – e a quem devo não só a realização do projeto editorial, mas inclusive a bibliografia essencial que encerra o volume.

Paolo Becchi
(Gênova, 30 de outubro de 2007).

INTRODUÇÃO À EDIÇÃO BRASILEIRA

Morrer é uma experiência humana que envolve a integralidade do ser. Por isso, interpretar a morte é tão complexo como explicar a vida. Qualquer tentativa de entender a morte deve sensatamente admitir os limites do seu discurso diante de uma realidade que o supera.

Tal pressuposto filosófico é indispensável para situar o estudo sobre *morte cerebral*. Nada impede que esse tema seja tratado de forma restrita aos aspectos neurofisiológicos, desde que se mantenha a consciência de estar explicando um aspecto e não a realidade plena da morte. Restará sempre o desafio da hermenêutica dos fatos, ou seja, a pergunta sobre os sentidos e significados do aspecto verificado. Isto já está implícito ao estudar a morte cerebral por referência ao transplante de órgãos. Assume-se desse modo um entrelaçamento entre vida e morte, que leva a explorar as interfaces da neurofisiologia da morte com a filosofia da vida. Se o humano é um ser de relações, também sua morte se compreenderá adequadamente na rede maior de relações e não simplesmente nos limites de sua individualidade.

Dentro deste quadro se colocam questões específicas sobre o lugar das funções cerebrais em vista da constituição do humano como ser de relações; e também sobre a função específica de cada uma das diferentes partes do conjunto cerebral, uma vez que o processo de morte pode ocorrer por partes.

Esta obra tem a ousadia de assumir o tema da morte cerebral no entrelaçamento dessas questões neurofisiológicas com a hermenêutica dos sentidos e significados da vida humana em seu conjunto. A relevância desse passo é contundente, pois sobre tais verificações e interpretações se fundamentam as propostas éticas e disposições jurídicas sobre o transplante de órgãos em caso de morte cerebral.

Como em outros países do contexto mundial, o Brasil também elaborou fundamentos e disposições a respeito desse tema, como se verá mais adiante no capítulo V. A ideia de publicar entre nós a presente obra visa exatamente contribuir para uma maior explicitação das questões de fundo que o tema desperta e provoca. O próprio Paolo Becchi situa este seu livro como desejo de que ele "possa interromper o silêncio complacente sobre o tema, que ainda hoje é dominante na Itália". O fato de o Brasil ter adotado o conceito de *morte encefálica* em suas resoluções não conflita com o título de *morte cerebral* dado a este livro.

Ao contrário, será possível perceber nesta obra a evolução do debate em que se insere o uso da expressão *morte encefálica*, e dessa forma aprofundar também entre nós suas questões centrais.

A estrutura desta obra compreende uma abertura inicial às questões em torno do momento da morte e os critérios assumidos para sua definição. Desde o início se introduzem os aspectos filosóficos na interpretação dos diagnósticos. Essa dimensão filosófica se adensa, no segundo capítulo, em um forte debate de duas posições divergentes entre Hans Jonas e Peter Singer, autores conhecidos por suas contribuições em temas fundamentais de Bioética. A contraposição dos argumentos provoca, por sua vez, a perspectiva de alternativas a esse confronto de posições. Entretanto, a realidade prática é sempre um teste para a consistência de toda teoria. Por isso o autor considera, em um terceiro passo, as dimensões clínicas em que se dá a morte cerebral para discutir perguntas sobre o alcance e verificabilidade dos critérios adotados para sua definição.

O discurso religioso é, por outro lado, um espaço recorrente tanto na interpretação da morte cerebral como no discernimento de critérios para o transplante de órgãos. Pois as religiões se caracterizam como portadoras de sentidos e de normatividades, com significativa incidência sobre a população. Entretanto, sua importância aqui não se dá pelo influxo das religiões no imaginário e na moral das pessoas, mas pela linha de argumentação que utilizam nesse tema. A tradição da Igreja Católica em adotar um diálogo interdisciplinar em suas afirmações sobre a ética dos transplantes está assumida nesta obra como uma interessante oportunidade para se checar sua coerência argumentativa no uso combinado dos critérios oriundos da neurofisiologia e da filosofia. O exercício dessa análise propicia uma percepção mais clara sobre a coerência argumentativa dos discursos, em geral; ao mesmo tempo em que fornece elementos de leitura crítica para quem se interessa pelo discurso religioso nesse tema.

Nesta edição brasileira cuidamos, por fim, de inserir um capítulo sobre as bases éticas adotadas no Brasil e suas correspondentes disposições jurídicas a respeito da *morte encefálica* e o transplante de órgãos. Isso se faz em substituição ao capítulo semelhante, voltado para a realidade da Itália, na obra original. Esse passo era indispensável para trazer o mais próximo possível da realidade brasileira, as provocações das análises e reflexões desenvolvidas neste livro. Os elementos desse capítulo, selecionados por competentes especialistas na área, visam oferecer ao leitor a oportunidade de reler e checar a qualidade dos fundamentos éticos e dos dispositivos jurídicos assumidos no Brasil, dentro do quadro crítico acerca de seus pressupostos.

Em outras palavras, as conclusões a serem colhidas desta obra estão confiadas à nossa capacidade de levar adiante a reflexão sobre questões tão densas e envolventes da vida humana.

Márcio Fabri dos Anjos

(Docente do Programa de Pós-graduação em Bioética do Centro Universitário São Camilo; membro da Câmara de Bioética do Conselho Regional de Medicina do Estado de São Paulo)

I

QUANDO MORREMOS?

A nova definição de morte e suas justificações

1. Observação preliminar

D esde que o mundo é mundo o homem está sempre morrendo, mesmo assim a morte não cessa de nos surpreender. Basta que nos aproximemos da morte de um membro da família para ficarmos abalados, sobretudo, hoje quando acontece repentinamente, por exemplo, depois de um acidente rodoviário, e o moribundo, que sofreu uma lesão encefálica e foi submetido a uma reanimação, está em uma Unidade de Terapia Intensiva.

Na UTI, uma equipe formada por três médicos (um médico legista, um neurofisiopatologista e um reanimador) fica observando o paciente por algumas horas (atualmente, na Itália, a lei prescreve, via de regra, um período de observação de seis horas),[1] examinando três vezes algumas das condições do paciente (o estado de inconsciência, a ausência de certos reflexos e de respiração espontânea, o silêncio elétrico cerebral, documentado pelo eletroencefalograma),[2] e se essas condições permanecem inalteradas, certifica-se a morte do paciente. Como tais, parecem critérios clínicos absolutamente confiáveis e "neutros", ligados ao desenvolvimento das técnicas de reanimação. Essas técnicas, se por um lado permitem salvar vidas humanas, por outro lado dão origem a uma condição clínica jamais observada anteriormente: a de uma situação "sem volta", protraída por algum tempo à espera de uma parada cardiocirculatória. Mas esses critérios não são empregados com o fito de desconectar o tubo respiratório e permitir que o paciente morra com dignidade, mas têm como alvo a retirada de seus órgãos, enquanto o tubo respiratório ainda está ligado. No mesmo lapso de tempo em que os médicos atestam a morte do paciente, seus familiares podem, com efeito, decidir (no caso em que não haja uma expressa manifestação de vontade do interessado) apresentar oposição escrita à retirada dos órgãos. Se não o fizerem, médicos diferentes daqueles que atestaram a morte poderão efetuar a retirada dos órgãos.

---

1 Lei italiana de 29 de dezembro de 1993, n° 578, *normas para a determinação da morte e o atestado de óbito*, em: *Gazzetta Ufficiale della Repubblica Italiana*, Roma, 135, n° 5, de sábado, 8 de janeiro de 1994, pp. 4-5, conforme o art. 2, # 4.

2 Decreto italiano do Ministério da Saúde, 22 de agosto de 1994, n° 982, regulamento sobre as modalidades para a determinação da morte e o atestado de óbito, em: *Gazzetta Ufficiale della Repubblica Italiana*, Roma, 135, n° 245, de quarta-feira, 19 de outubro de 1994, pp. 4-7, art. 2 e 3.

Isso é pelo menos o que acontece hoje na Itália, respeitando aquilo que prescreve a lei vigente, para ser preciso em obediência a um regime que deveria ser transitório, mas que de fato tomou o lugar do definitivo.[3] Outros países baixaram regras diferentes, mas todos – com a parcial exceção do Japão[4] – embora com ênfases diversas, partem hoje do pressuposto de que já seja cadáver o corpo do qual se retiram os órgãos. Tal pressuposto é apresentado como se fosse um dado científico obtido agora de modo definitivo. No entanto, o comum bom senso dificilmente nos leva a considerar cadáver um ser humano com a temperatura corporal por volta de 37 graus Celsius, com cores rosadas, com braços e pernas imóveis, mas não rígidos, cujo tórax continua se elevando com o auxílio de uma máquina que insufla o ar nos pulmões e cujo coração continua batendo com

---

3 Lei italiana de 10 de abril de 1999, n° 91, *disposições em matéria de retiradas e de transplantes de órgãos e tecidos*, em: *Gazzetta Ufficiale della Repubblica Italiana*, Roma, 140, n° 87, de quinta-feira, 15 de abril de 1999, pp. 3-24. A fase transitória é disciplinada pelo artigo 23, e também pelo Decreto do Ministério da Saúde italiano, de 8 de abril de 2000, *disposições em matéria de retiradas e de transplantes de órgãos e tecidos, para a aplicação das prescrições referentes à declaração de vontade de cidadãos sobre a doação de órgãos para transplante*, em: *Gazzetta Ufficiale della Repubblica Italiana*, Roma, 141, série geral, n° 89, de 15 de abril de 2000, pp. 4-7.
4 Quanto ao perfil jurídico da lei japonesa (apresentada em apêndice em: KAWAGUCHI, H. *Strafrechtliche Probleme der Organtransplantation in Japan*, Freiburg in B., 2000), um interessante cotejo entre diferentes experiências culturais se encontra no livro editado por Kawaguchi com Kurt Seelmann, *Rechtliche und ethische Fragen der Transplantations-technologie in einem interkulturellen Vergleich*, Wiesbaden 2003. Na perspectiva ética, cf. M. Morloka, *Reconsidering Brain Death – A Lesson from Japan's Fifteen Years of Experience*, em: Hastings Center Report, 31, 4 (2001), pp. 41-46; do mesmo autor fundamental, o volume *Noshi No Hito*, Tóquio 1989.

frequência regular, fazendo o sangue circular pelas artérias. Morto mesmo ou, de certo modo, ainda vivo?[5] Um cadáver é frio, rígido, coberto de manchas lívidas em algumas das partes do corpo: sinais tradicionais da morte que todo médico sempre sabe reconhecer, mas nenhum deles se encontra no paciente do qual se atesta a morte aplicando os critérios descritos acima. Talvez alguém replique: esses sinais aparecem quando a morte já ocorreu faz horas e, portanto, dali a pouco seguirão à comprovação da morte efetuada com os critérios apontados. Mas é fato que hoje esse processo natural pode ser tecnicamente bloqueado em um momento no qual a própria vida está se extinguindo, porém a morte ainda não sobreveio de modo definitivo. Já nesse momento, porém – e é isso que afirma hoje a lei com base na ciência oficial – o paciente estaria morto e esse óbito, já consumado, permitiria que se retirassem seus órgãos para transplante. Vez por outra a notícia de uma gravidez, levada a termo por uma mulher em condição de morte cerebral, provoca desconcerto. Com efeito, não é paradoxal afirmar que o cadáver de uma mulher possa levar a bom termo uma gravidez e pôr no mundo um bebê vivo, ou abortar espontaneamente um feto morto? No entanto, é precisamente isso que médicos e legisladores não podem deixar de afirmar, pois, se tivessem que reconhecer que essa mulher não é ainda um cadáver, seriam então obrigados a admitir que mesmo os pacientes dos quais se retiram os órgãos, ainda não são

---

5 Sobre essa questão, BARCARO, R. *La Morte Cerebrale Totale è la Morte dell'Organismo? Appunti per una Riflessione Critica*, em: Materiali per una storia della cultura giuridica, 35, 2 (2005), pp. 479-497.

cadáveres. A onda emocional produzida por alguns fatos divulgados pela mídia não demora a passar, e o consenso em torno da ideia da morte cerebral, embora frágil, mostra extraordinária resistência. Mas como é que se chegou ao ponto de declarar cadáveres pessoas que não apresentam as características que, via de regra, se atribuem aos cadáveres? E por quê? A essa pergunta é que eu desejaria, acima de tudo, responder para, em seguida, mostrar como o debate internacional sobre esses temas suscita hoje extremo interesse, enquanto em nosso país se pretende ainda mantê-lo como um tabu.

2. Uma nova definição de morte

A notável influência exercida pelo documento conhecido como o Relatório de Harvard, publicado em 1968, do qual trataremos mais à frente, sobre a nova definição de morte em base neurológica, fez com que se negligenciasse o fato de que a condição clínica identificada pela perda irreversível das funções cerebrais já tinha sido definida uma década antes por dois médicos franceses: Mollaret e Goulon. Eles, para caracterizá-la, tinham cunhado a expressão *coma dépassé*, ou, "estado de coma irreversível" ou, literalmente, "coma ultrapassado".[6] Suas pesquisas tinham-se originado

---

6 MOLLARET, P.; GOULON, M. Le Coma Dépassé. Mémoire Préliminaire. Em: *Revue Neurologique*. 101 (1959), pp. 3-15, também em JOUVET, M. Diagnostic Électro-Souscorticographique de la Mort du Système Nerveux Central au Cours de Certains Comas, em: *Electroencephalography Clinical Neurophysiology* 3 (1959), pp. 52-53. No tocante à importância desses documentos, WIDJICKS, E. F. M. *The Landmark Le Coma Dépassé*, em: WIJDICKS, E. F. M.

a partir dos desenvolvimentos de técnicas de reanimação. Nas unidades de terapia intensiva, em formação, na época, verificava-se efetivamente algo novo e surpreendente. Por um lado, com efeito, aquelas técnicas em muitos casos possibilitavam salvar a vida de pacientes que haviam sofrido um grave trauma craniano acompanhado de momentânea parada cardiorrespiratória; por outro, porém, a reanimação poderia não surtir o efeito esperado, e o paciente, mesmo não mostrando nenhum sinal de atividades cerebrais, continuava vivo ainda por alguns dias, antes de ir ao encontro da definitiva parada cardiocirculatória.

Mollaret e Goulon, usando a expressão *coma dépassé*, tinham precisamente o intuito de descrever a condição dos pacientes que, graças ao tratamento de reanimação, ainda continuavam em vida, embora destinados a morrer em breve. Do ponto de vista da descrição factual, as investigações desses dois médicos franceses já tinham, portanto, captado aquele novo fenômeno, posteriormente definido como "morte cerebral". No fundo, esse fora o preço a pagar diante do desenvolvimento das técnicas de reanimação que, por um lado, possibilitavam salvar a vida de muitos pacientes que, de outro modo, certamente estariam mortos, mas, pelo outro, poderiam também prolongar mais alguns dias a agonia. Como tal, o caso oferecia um exemplo significativo do caráter ambivalente da técnica moderna, com o qual somos inelutavelmente forçados a

---

Brain Death. Lippincott Williams and Wilkins, Philadelphia 2001, pp. 1-4.
DEFANTI, C. A. *Vivo o Morto? La Storia della Morte nella Medicina Moderna*. Zadig, Milano, 1999, pp. 65-67.

conviver, e que melhor do que qualquer outro Hans Jonas pôs em evidência.

A maneira adequada para se confrontar com esse problema teria sido perguntar-se (como, de resto, o próprio Jonas o fará, e o veremos mais à frente) o que é que seria lícito fazer em face de pacientes submetidos a respiração mecânica, com o coração ainda batendo com regularidade, mas cujo cérebro se achava a tal ponto danificado que se poderia concluir não só que não recuperariam mais a consciência, nem tampouco teriam mais condição de respirar de modo autônomo. E, no entanto, decidiu-se enveredar por outro caminho.

No documento a que se faz constantemente referência, ao discutir o fenômeno da morte cerebral, o *Ad Hoc Committee*, formado na Faculdade de Medicina da Universidade de Harvard terminou concretamente equiparando a morte cerebral *tout court* do organismo à condição que seus colegas franceses tinham chamado de *coma dépassé* e que agora pela primeira vez era indicada com a expressão *irreversible coma*. Com uma aparentemente pequena transformação – o documento apresentava-se como uma nova definição do coma irreversível – na verdade, havia acontecido nesse meio tempo uma mudança epocal. O "estado além do coma" era agora um estado além da vida, e o paciente que se achava nessa condição, com os aparelhos ainda ligados para a respiração, deixara de ser um paciente, era agora um cadáver. A mesma condição clínica, que antes indicava um prognóstico infausto, agora passava a ser um diagnóstico de morte a ser atestada com rigorosos critérios clínicos. Em vez de se perguntar o que fazer com os pacientes ainda em vida, embora em uma condição já definida de forma irreversível, decidiu-se defini-los como mortos já naquele estado. Dessa maneira, uma questão eminentemente ética era transformada em um problema científico e, como tal, de pertinência específica da ciência médica: está vivo ou morto? E a resposta, sem vacilar, foi esta: morto, embora o coração ainda continue pulsando com batidas regulares.

O ponto mais surpreendente é que no Relatório de Harvard não se encontram, de modo algum, explicadas as razões científicas que teriam levado seus redatores a considerar como estado de morte aquele que até então era ainda visto como um estado limítrofe entre a vida e a morte. Para percebê-lo sem demora, basta refletir sobre o preâmbulo deste documento:

> *Nosso principal objetivo é definir como um novo critério de morte o coma irreversível. Impõe-se a necessidade de uma definição por dois motivos: 1) o aperfeiçoamento das medidas de reanimação e de prolongamento da vida produziu um compromisso sempre maior para salvar pessoas atingidas por lesões desesperadamente graves. Às vezes esses esforços têm um êxito somente parcial, e aquilo que temos à nossa frente é um indivíduo cujo coração continua batendo, embora com um cérebro irremediavelmente prejudicado. O peso dessa situação é enorme, não só para os pacientes agora totalmente desprovidos de intelecto, mas também para as respectivas famílias, para os hospitais e todos aqueles que estão necessitando de leitos já ocupados por esses pacientes em coma; 2) os*

> *critérios de morte, obsoletos, podem desencadear controvérsias na procura de órgãos para os transplantes.*[7]

No documento se elencavam os quatro parâmetros para a emissão do atestado de óbito: ausência de receptividade e de resposta aos estímulos; ausência de movimento espontâneo ou induzido, e de respiração depois de ter sido desligado o tubo respiratório durante três minutos; ausência de qualquer reflexo, inclusive o da medula espinhal; traçado eletroencefalográfico plano. Os testes deviam ser repetidos 24 horas depois. Para o diagnóstico, era necessário excluir a hipotermia e a intoxicação provocada por remédios com o poder de inibir a atividade do sistema nervoso central.

O Relatório de Harvard não esclarecia as razões científicas que tinham levado os membros da Comissão a julgar que a morte cerebral total equivaleria à morte do paciente. A Comissão se limitara a equiparar o diagnóstico de coma irreversível à morte cerebral total e essa, à morte de fato.

Nascia, assim, a nova definição da morte que iria, com o tempo, substituir a tradicional, centrada na parada cardiorrespiratória e encontraria um apoio implícito, mas firme, na tese conforme a qual pacientes em estado de morte cerebral, embora ligados ao aparelho respiratório, iriam sofrer, mesmo assim, em pouco tempo uma parada cardíaca. As justificativas de ordem médico-científica foram

---

7   A Definition of Irreversible Coma: Report of the Ad Hoc Committee for the Harvard Medical School to Examine the Definition of Brain Death, em: *Journal of the American Medical Association* CCV, 6 (1968), pp. 337-340.

26

explicitadas – como logo a seguir veremos – mais de uma década após a publicação do Relatório de Harvard. Para os médicos, tratava-se principalmente de estabelecer se era possível interromper a respiração artificial, que possibilitava manter o batimento cardíaco e a respiração, sem correr, desse modo, o risco de serem acusados de homicídio. A essa finalidade logo vinha somar-se outra – como se percebe pela parte final do trecho citado – referente à possibilidade de se dispor de potenciais doadores dos quais se extrairiam órgãos destinados aos transplantes. Essa definição oferecia o melhor apoio ao desenvolvimento da técnica dos transplantes, que precisamente naquela época estava ensaiando os primeiros passos (não devemos esquecer que o primeiro transplante de coração tinha sido realizado pelo Doutor Barnard em dezembro de 1967.[8] Como se nota, o entrelaçamento entre a nova definição da morte em base neurológica e a extração de órgãos se acha, desse modo, presente desde o princípio.

3. A tentativa de justificação científica

De que fundamentação científica está dotada a noção de morte cerebral? Que justificativas foram dadas para poder afirmar que já estão mortos os pacientes totalmente

---

8 Para uma reconstituição das primeiras tentativas de transplante e da experiência do Dr Barnard, veja R.P. Baker, V. Hargreaves, Organ Donation and Transplantation: a Brief History of Technological and Ethical Development, em: *The Ethics of Organ Transplantation*, por W. Shelton e J. Balint (Orgs.), Oxford 2001, pp. 1-42.

destituídos de funções cerebrais como consequência de amplas e irremediáveis lesões encefálicas? Com o Relatório de Harvard fora introduzido um novo conjunto de critérios para determinar a morte de uma restrita categoria de pacientes. Nele, porém, não ficavam realmente explicitados os pressupostos científicos sobre os quais se baseava o emprego desses critérios. A primeira apresentação orgânica de uma teoria correspondente às condições descritas no Relatório de Harvard remonta ao começo da década de 1980.

O neurologista norte-americano James Bernal, com seus colegas Charles Culver e Bernard Gert[9] julgou que o critério para a morte cerebral total não implicaria uma nova definição de morte, mas apenas um afinamento da tradicional, que teria sido mais adequadamente formulada em termos de perda do funcionamento integrado do organismo. Por organismo como um todo eles entendem "a interação extremamente complexa dos seus subsistemas orgânicos",[10] e ela não fica eliminada pela ausência física de algumas das partes do corpo. Com efeito, escrevem esses autores:

"A inter-relação espontânea e inata de todos ou da maioria dos remanescentes subsistemas e a interação do organismo, mesmo danificado, com o próprio ambiente devem ser consideradas como o funcionamento do organismo como um todo".[11]

---

9   BERNAT, J.L. *et alii*. On the definition and criterion of death, em: *Annals of Internal Medicine*, 94 (1981), pp. 389-394.

10   Bernat e seus colegas declaram ter tirado a expressão "organismo como um todo" do volume do fisiologista alemão Jacques Loch, *The Organismo as a Whole*, Nova Iorque 1916.

11   BERNAT, J.L. *et alii. On the Definition and Criterion of Death*, cit., p. 390.

A inter-relação espontânea entre os vários componentes do organismo (ainda que não necessariamente de todos) e a interação com o ambiente são dois elementos que Bernat e seus colegas julgam importantes para o funcionamento do organismo como um todo. Mas eles admitem que os subsistemas individuais podem continuar funcionando por algum tempo mesmo depois que o organismo como um todo cessou de funcionar de modo permanente. Tal afirmação se concilia, de fato, com a evidência que no paciente submetido à respiração artificial: "a circulação espontânea [...] pode persistir até duas semanas após o organismo como um todo ter cessado de funcionar".[12] Para esses autores o prolongamento da atividade cardiocirculatória não exprime, porém, a presença de um organismo como um todo, desde o momento que ele cessou de existir devido à perda irremediável das funções do encéfalo inteiro. Mas o que é que constitui o *funcionamento* do organismo como um todo? Bernat e seus colegas especificam que "o funcionamento do organismo como um todo indica as atividades espontâneas e inatas realizadas pela integração de todos ou da maioria dos subsistemas (por exemplo, o controle neuro-hormonal) e ao menos limitadas respostas ao ambiente (por exemplo, mudanças da temperatura e respostas a estímulos luminosos e sonoros). Não é necessária, todavia, a integração de todos os subsistemas. Subsistemas individuais podem ser substituídos (por exemplo, por coração artificial,

---

12 *Ibid.*

por respiração artificial) sem mudança de estado do organismo como um todo".[13]

Para que se possa estar na presença de um organismo como um todo, deve haver atividades inatas e espontâneas realizadas por subsistemas individuais e, eventualmente, possivelmente obtidas com o uso de aparelhos, sem que isso comporte uma mudança de *status* do organismo. Declarando que um coração artificial e aparelhos de respiração artificial podem substituir sistemas individuais, sem, com isso, provocar o fim do organismo como um todo. Bernat e seus colegas se acham na obrigação de explicar o que é então que provoca a mudança de *status* do organismo. Seria talvez a perda da espontaneidade de funções circulatórias e respiratórias? Certamente não, porque os autores declaram expressamente que elas podem ser substituídas pelas máquinas e, portanto, a mudança de *status* no organismo se deve à perda do controle neuro--hormonal e à ausência de "mudanças da temperatura e respostas à luz e ao som", expressão, respectivamente, da integração dos subsistemas do organismo e de sua interação com o ambiente.

Bernat e seus colegas afirmam que um organismo como um todo entra em falência quando cessa a regulação da temperatura, processo altamente complexo, controlado pelo hipotálamo, e explicam sua opção de pôr a ênfase nesse processo com as seguintes palavras:

---

13   *Ibid.*

> *Embora a consciência e a cognição sejam provas suficientes para o funcionamento integrado do organismo como um todo-nos animais superiores, para eles não são necessárias essas funções. Os organismos inferiores não gozam de consciência, e quando um organismo superior entra em coma, a prova de funcionamento do organismo como um todo é ainda evidente: a regulação da temperatura.[14]*

Portanto, é evidente a tentativa de apresentar uma definição exclusivamente biológica de morte, que não leve em conta a presença ou a ausência de funções conscientes: Bernat e seus colegas pensam, com efeito, que a consciência não constitui uma condição necessária para mostrar o funcionamento do organismo como um todo integrado, enquanto existem funções comuns também aos animais inferiores, que fornecem a prova desse funcionamento, e a regulação da temperatura do corpo é uma delas.

Além do problema da justificação científica da noção de morte cerebral, Bernat e seus colegas viram-se ainda obrigados a mostrar que essa noção "é coerente com a tradição",[15] e que o uso de um novo conjunto de critérios para determinar a morte não constituiu na realidade uma radical mudança no modo de atestar o óbito. Quanto a isso, esses autores sublinharam que durante o exame de um paciente, visando à declaração de morte, o médico sempre avaliou as condições da pessoa através da ausência de resposta aos estímulos, ausência de movimentos

---

14   *Ibid.*
15   BERNAT, J.L. *et alii. On the Definition and Criterion of Death,* cit., p. 392.

espontâneos, incluindo a respiração, ausência de reação das pupilas à luz. Portanto, a ausência de batimento cardíaco, indicadora indireta da destruição de todo o encéfalo, segundo nossos autores já estava de fato associada à perda permanente do funcionamento de todo o encéfalo e, por conseguinte, também à falha do funcionamento do organismo como um todo. A diferença fundamental entre o uso dos critérios cardiopulmonares com relação aos neurológicos consistia nisto: para Bernat e seus colegas os primeiros possibilitavam uma avaliação *indireta* de ausência de funcionalidade cerebral, associada à parada cardiocirculatória; os segundos permitem avaliar de modo *direto* essa ausência recorrendo a exames visuais. Desse modo, Bernat e seus colegas apresentaram uma justificação plausível para continuar utilizando os critérios cardiopulmonares, a fim de emitir o atestado de óbito, e demonstraram, conforme seu ponto de vista, a coerência entre a antiga e a nova prática médica. O trabalho deles contribuiu para corroborar uma concepção segundo a qual a cessação das funções peculiares desempenhadas pelo encéfalo, superintendendo o controle e a integração das diversas partes do organismo, para este poder funcionar como um todo, indica a morte do organismo.

Essa teoria, conhecida como a teoria do integrador central, será acolhida em 1981 pela *President's Commission for the Study of Ethical Problems in Medicine and Biomedical and Behavioral Research*,[16] e passará a ser o núcleo básico

---

16 President's Commission for the Study of Ethical Problems in Medicine

de um documento oficial que ainda hoje representa o texto de referência no debate sobre a definição de morte. A Comissão, constituída em 1980, precisamente com o intuito de analisar e discutir os problemas éticos suscitados pela evolução da técnica nas ciências biomédicas, fez um balanço das questões submetidas à aplicação dos diversos conjuntos de critérios neurológicos a empregar para determinar a perda das funções cerebrais em vista da certificação do óbito. Com efeito, não se pode desconhecer que desde a publicação do Relatório de Harvard, em 1980, multiplicaram-se as propostas relativas aos critérios, relacionados com todo o encéfalo ou só com o tronco encefálico, e relacionados com os exames a utilizar, como o teste de apneia, cuja duração varia sensivelmente (de três minutos de ausência de respiração, sugeridos no Relatório de Harvard), passava-se a quinze minutos, sem que se fornecesse, todavia, uma plausível justificativa para essa variação.[17]

Depois de consultar peritos de várias formações (neurologistas, filósofos, juristas), a *President's Commission* esboçou critérios e exames instrumentais com as respectivas modalidades de aplicação que se tornariam durante anos o padrão de referência para os médicos

---

and Biomedical and Behavioral Research. *Defining Death: A Report on the Medical, Legal, and Ethical Issues in the Determination of Death.* Washington, D.C. 1981.

17 A esse respeito, por exemplo, A. Mohandas, S.N° Chou, Brain death: A clinical and pathological study, em: *Journal of Neurosurgery*, 35 (1971), pp. 211-218 e An appraisal of the criteria of cerebral death: a summary statement. A collaborative study, em: *Journal of the American Medical Association*, 237 (1977), pp. 982-986.

norte-americanos,[18] oferecendo a base científica indispensável para justificar seu emprego e propondo, outrossim, um modelo de lei, o *Uniform Determination of Death Act*, que é até hoje a principal referência legislativa para os Estados da União.

No documento da Comissão foi acolhida a proposta de Bernat e seus colegas no sentido de declarar a morte como "o momento em que o sistema fisiológico do organismo cessa de constituir um todo integrado",[19] e o encéfalo como o órgão crítico da integração corporal: a cessação irreversível de todas as suas funções decreta a perda irremediável da integração dos diversos componentes do organismo e, por conseguinte, a morte. A Comissão Presidencial julgou que a morte cerebral total não seria o resultado de uma radical modificação do conceito de morte, mas apenas uma consequência do progresso tecnológico que pusera à disposição da medicina instrumentos mais precisos para detectar a perda das funções cerebrais.[20] Os critérios cardiopulmonares e os exames a estes associados poderiam continuar sendo

---

18 O estudo sobre os critérios tinha sido encomendado pela Comissão Presidencial a um grupo de consultores médicos, que publicaram em Apêndice o Relatório da Comissão, os critérios e os exames indispensáveis para atestar a morte cerebral: Guidelines for the determination of death: report of the medical consultants on the diagnosis of death in the President's Commission for the Study of Ethical Problems in Medicine and Biomedical and Behavioral Research, em: *Journal of the American Medical Association*, 246 (1981), pp. 2184-2186.

19 President's Commission for the Study of Ethical Problems in Medicine and Biomedical and Behavioral Research, Defining Death. *A Report on the Medical, Legal, and Ethical Issues in Determination of Death*, cit., p. 33.

20 *bid.*, p. 34.

utilizados, salvo nos casos em que as circunstâncias exigissem o emprego de outros critérios e exames instrumentais. Essa especificação tem grande importância porque demonstra a intenção de unificar dois diferentes critérios para a determinação do óbito em um único conceito de morte, definido em termos de perda irrecuperável da integração corporal.

A noção de morte cerebral total conseguiu ampla difusão nos países ocidentais[21] junto com as justificações que apoiavam o seu emprego. Tais justificações são parcialmente compartilhadas também pelos pesquisadores britânicos que, todavia, apoiaram a aplicação de critérios neurológicos exclusivamente relacionados com o tronco encefálico. A justificativa para essa opção reside em uma peculiar maneira de conceber o sistema nervoso. De acordo com os neurologistas britânicos, o sistema crítico do organismo, o encéfalo, está dotado de um sistema crítico, o tronco encefálico. Sem as funções dessa área anatômica, o encéfalo não pode exercer controle, coordenação e manutenção da integração corporal: a morte do tronco encefálico provoca a parada das funções encefálicas e, por conseguinte, acarreta o fim da existência do organismo como um todo. No Reino Unido, as associações de medicina se manifestaram, em 1976, sobre a introdução do critério de morte do tronco encefálico mediante documentos especialmente redigidos

---

21 A título de exemplo pode-se lembrar o parecer do Comitê Nacional italiano para a Bioética, que iniciou justamente os seus trabalhos com um documento intitulado *Definição e determinação da morte no homem*, Roma, 15 de fevereiro de 1991.

para estabelecer rigorosos critérios diagnósticos visando o desligamento do respirador mecânico, na certeza de que o paciente com irrecuperáveis lesões no tronco encefálico não teria chance de se recuperar.[22] O processo de discussão e de elaboração das diretrizes, em 1979, levou a conceber a morte do tronco encefálico como equiparável à morte. Concepção motivada pela crença de que as lesões irreversíveis do tronco encefálico indicavam "um ponto sem retorno" no processo de morte. Numa palavra, julgava-se que a morte do tronco encefálico teria ocasionado a morte do paciente.[23] O significado puramente prognóstico da morte do tronco encefálico, que aparece claramente nos dois documentos de 1976 e 1979, foi superado apenas mais recentemente, em 1995, quando um novo documento definiu o caso com maior precisão, apresentando uma articulada definição de morte e as explicações que permitem julgar a morte do tronco encefálico equivalente à morte do organismo inteiro.[24]

A elaboração de uma justificativa aceitável para os critérios neurológicos também contou com a intervenção de abalizados neurologistas, entre os quais se recorda Christopher Pallis, o mais conhecido teórico da

---

22 Conference of Medical Royal Colleges and their Faculties in the United Kingdom, Diagnosis of Death, em: *Lancet,* 2 (1976), pp. 1069-1970.

23 Conference of Medical Royal Colleges and their Faculties in the United Kingdom, Diagnosis of Death, em: *Lancet* I (1979), pp. 261-262.

24 Working Group of the Royal College of Physicians, Criteria for the Diagnosis of brain stem death. Review by a Working Group convened by the Royal College of Physicians and endorsed by the Conference of Medical Royal Colleges and their Faculties in the United Kingdom, em: *Journal of Royal College of Physicians London*, 29 (1995), pp. 381-382.

compreensão da noção de morte cerebral em termos de morte do tronco encefálico. Autor de um grande número de artigos dedicados a esse tema (alguns destes publicados no *British Medical Journal*), e em seguida enfeixados em um volume que em 1983 veio à luz pela primeira vez, em 1996, assinado também pelo anestesiologista Harley,[25] Pallis defendeu o critério da morte do tronco encefálico, procurando oferecer as justificativas para seu emprego. Segundo Pallis e Harley, a declaração de morte de um paciente com lesões encefálicas se baseia no fato da perda irreversível da capacidade de consciência e da capacidade de respirar espontaneamente, e basta um exame clínico circunscrito ao tronco encefálico para evidenciar essa perda. O tronco encefálico representa, com efeito, o sistema crítico de todo o encéfalo (o "sistema crítico do sistema crítico"), e isso é demonstrado por Pallis e Harley com uma explicação muito técnica:

> *Lesões de natureza aguda atingindo ambos os lados da área tegmental paramediana provocam coma prolongado, visto que danificam partes críticas do sistema ativador reticular ascendente. A formação reticular constitui o núcleo central do tronco encefálico e controla amplas áreas do sistema límbico e do neocórtex [...], responsáveis pelos mecanismos de vigília.*[26]

Em outras palavras, Pallis e Harley mostraram claramente como as lesões do tronco encefálico danificam um

---

25 PALLIS, C., HARLEY, D.H., *ABC of Brainstem Death*, London 1996, 2ª ed.
26 *Ibid.*, p. 10.

componente do tronco, o sistema ativador reticular ascendente, cujo funcionamento é fundamental para que uma pessoa se mantenha consciente. Além disso, no tronco encefálico estão sediados os centros que presidem ao controle e à regulação da pressão sanguínea, e ele é atravessado por todos os estímulos nervosos que saem dos hemisférios cerebrais e entram na direção das estruturas superiores do encéfalo. As lesões do tronco encefálico impossibilitam o cumprimento das funções do encéfalo. Por esse motivo, ele é considerado o sistema crítico do encéfalo que, devido à destruição do tronco encefálico, deixaria totalmente de exercer as próprias funções.

Pallis e Harley afirmam que a morte do tronco encefálico "é a morte, independentemente do prognóstico cardíaco".[27] E eles destacam que "nenhum paciente em coma apneico, declarado morto segundo os rigorosos critérios britânicos [...], jamais recuperou a consciência ou deixou de desenvolver a assistolia em um lapso de tempo relativamente breve. Essa visão fundamental permanece tão válida hoje como há vinte anos, e não só no Reino Unido, mas em todo o mundo".[28]

Na realidade, essa afirmação foi hoje questionada especialmente pelos trabalhos do neurologista norte-americano Shewmon, cujas objeções ao emprego de critérios exclusivamente neurológicos para certificar o óbito serão examinadas mais adiante no volume (cf. *infra*, capítulo 3). Aqui, porém, vamos nos deter principalmente

27   *Ibid.*, p. 30.
28   *Ibid.*, p. 9.

no exame das posições filosóficas aduzidas em apoio a teoria do integrador central.

4. O apoio filosófico à teoria médico-científica do integrador central

Entre os filósofos que se dedicaram a elaborar uma análise filosófica para fundamentar o conceito de morte cerebral e a equivalência entre a morte do tronco encefálico e a morte do organismo humano merece particular menção a posição do filósofo inglês David Lamb, conhecido também na Itália.[29]

Segundo Lamb, com o passar dos anos, e após a publicação do Relatório de Harvard, constatou-se que "o componente fundamental do 'núcleo fisiológico' da morte cerebral era a *morte do tronco cerebral*".[30] Essa área anatômica abriga os centros cruciais para a capacidade de se ter consciência. Sua morte provoca o coma apneico e outros sinais que se podem detectar para atestar a morte cerebral. Escreve Lamb "A morte do tronco cerebral é a condição necessária e suficiente para a morte de todo o cérebro, e a morte do tronco cerebral é de *per si* um sinônimo de morte do indivíduo".[31]

---

29 LAMB, D. *Death, Brain Death and Ethics* (1985), trad. italiana *Il Confine della Vita. Morte Cerebrale ed Etica dei Trapianti*, Bologna 1987. Na tradução italiana da obra de Lamb se acham a locução "tronco cerebral" e o vocábulo "cérebro", que se devem considerar equivalentes a "tronco encefálico", muitas vezes usado neste volume.

30 *Ibid.*, p. 26.

31 *Ibid.*

Julga o filósofo inglês que a morte do homem não difere da morte de qualquer outro animal e, por conseguinte, pode ser atestada mediante os instrumentos à disposição da ciência: o cérebro é o sistema crítico do organismo e as funções do tronco cerebral não constituem seu ingrediente vital,[32] como exatamente afirmou Pallis. Lamb retoma a teoria do neurologista inglês, e isso fica bem claro, por exemplo, quando ele afirma que "os requisitos mínimos para a vida humana são a capacidade de consciência, de respiração e de batimento cardíaco. E essas são, respectivamente, as funções da parte superior e inferior do tronco cerebral".[33]

Lamb aponta principalmente as condições que tornam possível a vida humana, especifica o papel do tronco encefálico e, sucessivamente, estabelece quando cessa a vida. Ele pensa que desse modo cumpriu a tarefa de apresentar um conceito da morte junto com os critérios indicadores da perda irreversível de funções integrativas. No intuito de esboçar uma definição meramente biológica de morte, o filósofo inglês enfatiza que a perda das funções do tronco encefálico determina *a perda irreversível das funções do organismo em seu conjunto*.[34]

"A *perda irreversível das funções do organismo em seu conjunto* é um conceito biológico que leva a critérios e provas clínicas. Este pressupõe a perda irreversível da capacidade de consciência, bem como a da capacidade de respirar e, em consequência, a de manter

---

32 *Ibid.*
33 *Ibid.*, p. 39. Grifo no original.
34 *Ibid.*, p. 39. Grifo no original.

40

um batimento cardíaco espontâneo. Ele substitui os conceitos com base ética ou religiosa, e o seu critério idôneo é a morte do sistema crítico, como se avalia pelas provas da cessação irreversível das funções do tronco cerebral".[35]

A estratégia de Lamb é a mesma adotada pelos que sustentam a noção de morte cerebral total, inclusive é idêntica a terminologia usada. As diferenças dizem respeito apenas às áreas anatômicas envolvidas – todo o encéfalo ou tronco encefálico – e os argumentos necessários para justificar essas opções. O modo de proceder, então, articula-se assim: declara-se que o encéfalo responde pelo controle e pela integração do organismo em seu conjunto; afirma-se que as funções críticas do tronco encefálico (substancialmente a capacidade de consciência e de respiração autônoma) possibilitam ao encéfalo exercer suas funções, e se deduz que a morte do tronco encefálico impede o exercício daquelas funções. Tendo precisado tudo isso, impõe-se delinear a relação entre a morte do tronco encefálico e a morte como tradicionalmente se entende.

Declara o filósofo inglês que: "a morte cerebral é uma radical reformulação dos conceitos tradicionais de morte. Não é um conceito novo, dado que não há nenhum novo modo como alguém possa estar morto". Ela assinala um progresso em confronto com as formulações de tipo cardiorrespiratório, pois em determinadas condições a parada cardiocirculatória

---

35 *Ibid.*, p. 45. Grifo no original.

pode ser reversível. Lamb procura reduzir à concepção preexistente de morte um novo critério para a certificação do óbito, um critério considerado mais confiável do que aquele cardiopulmonar tradicional. Desse modo, ele procura dar um apoio filosófico à teoria neurológica apresentada por Pallis, mas deixa margem para uma ambiguidade. Com efeito, Lamb escreve que a morte do tronco encefálico é "um 'ponto de não retorno' [...], a fase em que a 'perda de integração' se torna irreversível". Essa asserção, porém, vai contra as explicações oferecidas por Pallis. Segundo esse último, a morte cerebral indica o fim da integração corporal e implica uma quase imediata assistolia. A ideia de um "ponto de não retorno", tal como o afirma Lamb, induz ao contrário a pensar em um processo que se desenvolve no tempo. Ao se alcançar esse ponto, é então o sinal de que em breve lapso de tempo se verificará a morte do indivíduo, e não que este já esteja morto.

Um pouco adiante veremos que há na literatura muitos casos que contradizem os pressupostos sobre os quais se assenta a noção de morte cerebral total. O primeiro de todos eles é a sobrevivência por longo tempo de pacientes em estado de morte cerebral declarada. Os fatos mais impressionantes a esse respeito são apresentados por crianças e mulheres na gravidez. Essas últimas, em particular, mesmo se achando em condições de morte cerebral total ou do tronco encefálico, podem "sobreviver" e dar continuidade à gravidez, enquanto estiverem ligadas aos aparelhos para a respiração artificial. Esses fatos tiveram, como resultado no mundo inteiro, o levantar-se com frequência sempre maior de vozes críticas contra a equiparação da morte cerebral à morte do organismo. Mas essa equiparação já tinha sido contestada, desde o princípio, por Hans Jonas, um dos filósofos mais importantes do século XX. É dele que vamos nos ocupar a seguir.

II

Duas Posições Filosóficas Alternativas Em Confronto: Hans Jonas e Peter Singer

1. Hans Jonas: contra a corrente

Ainda que o critério da morte cerebral total tenha alcançado amplo sucesso e tenha comprometido muitos pesquisadores a buscarem argumentos de ordem científica e filosófica para justificarem sua fundamentação, não demorou a encontrar a obstinada oposição de Hans Jonas.

Hans Jonas foi não somente o pesquisador de história das religiões que, sob a influência de Heidegger e de Bultmann, se ocupou quando jovem principalmente (embora não

44

exclusivamente) com o pensamento gnóstico, ou o filósofo da natureza que, atraído pelo estudo das ciências naturais e particularmente da biologia, nos anos de maturidade voltou a atenção para os fenômenos da vida orgânica. Também não foi apenas o autor que tendo já passado dos setenta anos procurou assentar os fundamentos de uma macroética para a civilização tecnológica e, além disso, o agudo investigador de toda uma série de relevantes questões que hoje são enfeixadas no âmbito de uma nova disciplina conhecida pelo nome de Bioética.

Jonas, em uma palavra, não foi apenas um dos clássicos do pensamento do século XX, mas também um pioneiro e protagonista do debate bioético contemporâneo. A obra que o tornou famoso no mundo inteiro, *Das Prinzip Verantwortung*, publicada em 1979 (e por nós traduzida com alguma demora em 1990)[36] foi seguida, alguns anos depois, pelo volume *Technik, Medizin und Ethik*, com o significativo subtítulo *Praxis des Prinzips Verantwortung* (traduzido para o italiano em 1997).[37] Nesse volume se enfeixa boa parte de suas contribuições quanto ao argumento bioético. Um desses, o dedicado à assim chamada "morte cerebral", junto com outros materiais, foi recentemente republicado em uma coletânea[38]

---

36 JONAS, H. *Das Prinzip Verantwortung* (1979), trad. italiana *Il Principio di Responsabilità*, editado por P.P. Portinaro, Torino 1990.
37 JONAS, H. *Technik, Medizin und Ethik. Praxis des Prinzips Verantwortung* (1985), tr. It., *Tecnica, medicina Ed etica. Prassi del Principio di Responsabilità*, editado por P. Becchi, Torino 1997.
38 *Questioni mortali. L'attuale dibattito sulla morte cerebrale e il problema dei trapianti*, editado por R. Barcaro e P. Becchi. Napoli 2004, pp. 47-67. O título dado por Jonas a sua intervenção é: Morte cerebral e banco

que representa a primeira tentativa de abrir também na Itália o debate sobre o tema da morte cerebral.

O tema da nova definição segundo critérios cerebrais e, em conexão com ele, o dos transplantes de órgãos de pacientes humanos definidos como cadáveres, pode ser considerado uma espécie de cavalo de batalha de Hans Jonas. Sem dúvida, Jonas está a par do fato de que há temas bem mais importantes que – como ele mesmo escreve – "dizem respeito mais de perto ao destino comum em cotejo com a questão dos relativamente poucos pacientes em coma e daqueles que esperam seus órgãos para o transplante".[39] Mas ele julga o caso particularmente instrutivo para exemplificar o modo como a técnica se apresenta quando aplicada ao campo médico: quem poderá negar que o transplante de órgãos, possibilitado pelas técnicas cirúrgicas, seja um bem, tendo em vista que com ele salva-se a vida de pessoas que, de outra forma, estariam destinadas à morte? Jonas, todavia, mesmo nesse caso, como em muitos outros que ele aborda, principalmente em *Técnica, medicina e ética* (mas não exclusivamente neste livro), nos mostra a outra face da moeda, ou seja, os riscos que tecnologias aparentemente de todo legítimas e a serviço do ser humano – como aquelas que possibilitam a retirada e o transplante de órgãos – também trazem consigo.

A esse respeito, não poderia ter sido mais oportuna a intervenção de Hans Jonas. Falando a um simpósio

---

de órgãos humanos: sobre a redefinição pragmática da morte.

39   JONAS, H. *Tecnica, Medicina ed Etica*, cit., p. 148.

46

que se realizou em Boston, em setembro de 1968, sobre o problema dos "Aspectos éticos da experimentação em seres humanos", Jonas tinha encontrado um meio, não apenas de inserir cá e lá referências ao problema dos transplantes, mas, na conclusão, atingira com uma certeira estocada o documento de Harvard, que fora publicado há pouco tempo. Jonas sublinhou que, seguindo as propostas articuladas nesse documento, talvez ocorressem abusos parecidos com aqueles apresentados na experimentação em seres humanos. Vejamos, porém, o núcleo central de sua argumentação:

> *A indicação do Comitê de Harvard para reconhecer "o coma irreversível como nova definição de morte" induz a contra-argumentar. Entendam-me bem. Enquanto se trata apenas de determinar quando é lícito suspender o prolongamento artificial de algumas funções (como o batimento cardíaco), tradicionalmente consideradas sinais de vida – e este é um dos dois expressos intuitos aos quais o Comitê devia servir – não vejo nada de inquietante no conceito de 'morte cerebral' [...]. Mas um outro objetivo, contraposto de forma inquietante, se liga a este na procura de uma nova definição de morte – qual seja, com o objetivo de antecipar o momento da certificação da morte: a permissão não só de desligar o aparelho respiratório, mas, ao contrário, caso se queira, de continuar a fazer uso deste (e de outros auxílios) mantendo assim o corpo em uma condição que, segundo a antiga definição, teria sido "vida" (mas que, segundo a nova, é apenas sua simulação) – para poder alcançar seus órgãos e tecidos nas condições ideais que antes seriam definidas como "vivissecção".*[40]

40 *Ibid.*, pp. 168-169.

Se eu quisesse me fazer pedante, poderia observar que o Comitê de Harvard, mais do que pretender definir de modo novo a morte, tivera a intenção de definir de maneira nova o coma irreversível, precisamente equiparando-o à morte. Mas, embora Jonas efetivamente cite de forma imprecisa a passagem inicial do documento de Harvard (naquele ponto se fala de um "novo critério de morte", e não de uma "nova definição de morte"), sua crítica captava o aspecto decisivo: a morte cerebral, segundo aquele documento, é a morte *tout court*, e essa definição de morte cerebral equivale a uma nova definição da morte.

Segundo Jonas, o Comitê se havia deparado com dois problemas e pretendera resolvê-los com uma única solução. Pacientes em condições clínicas consideradas irrecuperáveis continuavam vivendo graças ao aparelho respiratório, e ninguém ousava desligá-lo para não ser acusado de homicídio. Órgãos que poderiam ter sido úteis para salvarem a vida de outros seres humanos ficavam, então, inutilizados. O Comitê, no fundo, pretendera "matar dois coelhos com uma só cajadada", definindo como mortos todos os pacientes cujo cérebro havia parado de funcionar. Desse modo, essa posição permitia, ao mesmo tempo, tanto desligar o aparelho respiratório, no caso de coma irreversível, como conservá-lo ainda ligado, tendo em vista os transplantes. Seja como for, em qualquer caso o paciente não seria mais um paciente, e sim um cadáver.

Jonas, todavia – e aqui se concentra sua crítica – mostra de forma convincente que se trata de duas coisas

48

diversas: uma coisa é quando desistir de prolongar o processo do morrer de um paciente em coma irreversível; outra coisa, quando considerar esse processo concluído. No primeiro caso – segundo Jonas – basta o diagnóstico de coma irreversível para autorizar, do ponto de vista ético, a suspensão do tratamento de apoio vital; no segundo caso, deveríamos ter a certeza de que os pacientes estão de fato mortos, antes de retirar seus órgãos, porque de outra forma seria justamente a retirada desses órgãos que os mataria. E como não dispomos de uma certeza como essa – visto não conhecermos a linha de demarcação precisa entre vida e morte – devemos nos abster de lhes retirar os órgãos.

A crítica de Jonas se havia mostrado particularmente dura, mas foi tão eficaz que acabou sendo levada a sério por um grupo de médicos de San Francisco, e estes o convidaram para passar uma semana no Centro dos Transplantes da Faculdade de Medicina local. Essa foi a origem do texto intitulado *Against the Stream (Contra a corrente)*, escrito em 1970, mas publicado pela primeira vez em 1974, em uma coletânea sua de ensaios filosóficos: *Da antiga fé ao homem tecnológico,*[41] posteriormente inserido em *Técnica, medicina e ética.*

Vamos dizê-lo sem rodeios: embora Jonas tivesse sido posto na condição de participar ativamente de toda a realidade do transplante (tanto aquela da sala de operação como da humana, tanto do doador quanto do receptor),

---

41 JONAS, H. *Philosophical Essays. From Ancient Creed to Technological Man* (1974), tr. it., *Dalla Fede Antica all'Uomo Tecnologico. Saggi Filosofici*, editado por A. Dal Lago, Bologna 1991, pp. 209-229.

os médicos não foram capazes de fazê-lo mudar de ideia. Um deles, Otto Guttentag, especialista em história da medicina, bom conhecedor de filosofia, lhe havia, no entanto, formulado algumas pergunbtas que, de acordo com Jonas, mereciam uma resposta articulada. Essa foi, então, a origem de *Against the Stream* que, desde então, reeditado em diversas antologias, veio a ser um clássico sobre o tema.

Eu desejaria agora me estender um pouco mais analiticamente de tudo o que se fez até agora sobre esse texto. Pode-se subdividi-lo em uma premissa inicial, em que Jonas reprisa tudo o que escrevera anteriormente, mas com interessantes distinções e acentos, na articulada resposta às objeções que lhe havia feito Otto Guttentag, e em duas observações conclusivas, de natureza filosófica, tendo por meta confirmar o seu discurso.

Na premissa, Jonas volta a falar da duplicidade das razões que tinham caracterizado o documento de Harvard. E a essa altura, no tocante ao primeiro ponto (o referente à suspensão do tratamento artificial em caso de coma irreversível), sublinha um aspecto importante: a motivação introduzida primariamente pelo Comitê de Harvard, falando em termos rigorosos, não era uma definição da morte, "mas um critério para que fosse verificada sem obstáculos, por exemplo, desligando o aparelho respiratório.[42] E com efeito, justamente no início do documento, contrariamente ao que Jonas escreve (mas esse lapso é revelador), fala-se de critério. Com esse critério, todavia,

---

42 JONAS, H. *Tecnica, Medicina ed. Etica*, cit., p. 172.

o Comitê pretendeu definir a morte cerebral como algo já acontecido, e não como algo que não é mais necessário impedir. Em suma, segundo os médicos de Harvard, desliga-se o aparelho respiratório a um morto, não a um moribundo cujo destino está irremediavelmente selado. Mas justamente isso permite já passar à justificativa da segunda razão, a saber, aquela que permite legitimar as retiradas de órgãos, dado que indivíduos que se acham na condição descrita pelo Comitê estão de fato mortos.

Hoje se pode afirmar que Jonas havia acertado na mosca; ou seja, aquela definição tinha justamente aquele interesse prático; não só porque é precisamente a partir daquela definição que se justificaram os transplantes, mas também porque isso era expressamente admitido desde uma primeira versão (depois não publicada) daquele documento. A segunda razão, invocada em apoio da nova definição de morte, estava com efeito formulada nos termos seguintes:

> Um problema de importância secundária, mas nem por isso de menor relevância, é que, com o progressivo enriquecimento das experiências, dos conhecimentos e das práticas relativas aos transplantes, há uma forte demanda por tecidos e órgãos, inclusive pelos tecidos e órgãos dos pacientes com um cérebro já irremediavelmente destruído, para restituir à vida enfermos recuperáveis.[43]

---

43 A primeira redação do documento de Harvard aqui citada a partir do volume de D.J. Rothman, *Strangers at the Bedside. A History of How Law and Bioethics Transformed Medical Decision Making*, Nova Iorque 1991, pp. 160-164 (162).

Será que Jonas não teria todas as razões do mundo para suspeitar "que precisamente esse *interesse*, não obstante redimensionado no Relatório do Comitê, seria e é uma das principais molas do esforço para definir a morte"?[44]

Jonas, portanto, tinha acertado no alvo ao entrever naquela segunda razão um forte interesse em modificar a definição de morte: justamente o fato de permitirem que ele tivesse tido voz no capítulo prejudica "a tentativa *teórica* de uma definição da morte, e a Comissão de Harvard não teria jamais consentido que se contaminasse a pureza do seu resultado científico com o atrativo dessa vantagem externa, ainda que extremamente nobre".[45]

Jonas aqui explicitava a sua desconfiança diante dessa tentativa de redefinição da morte, pois ela era movida por intuitos práticos muito evidentes (ainda que não abertamente declarados): tornar lícitas as retiradas dos órgãos de pacientes naquela condição clínica desesperadora como é o coma irreversível, transformando um prognóstico infausto em diagnóstico de morte. A Comissão de Harvard confundira o problema teórico da definição de morte, e de sua certificação, com o problema prático, conexo ao do que fazer com pacientes cujo cérebro havia irremediavelmente cessado de funcionar. Ainda por cima tinha pretendido resolver esses problemas práticos justamente através de uma nova definição teórica da morte.

Justamente no que diz respeito ao tema "definição", Jonas volta ainda que rapidamente, a discutir a segunda

---

44   JONAS, H. *Tecnica, Medicina ed Etica*, cit., p. 172.
45   *Ibid.*, p. 173.

objeção que lhe fora movida por Guttentag.[46] De acordo com esse último, Jonas teria contraposto a fatos científicos precisos, que tinham levado à nova definição de morte, vagas considerações de ordem filosófica. Ora, se por um lado Jonas havia respondido a essa objeção em sua premissa, mostrando até que ponto aquela nova definição estaria viciada por objetivos práticos, aqui ele enfatiza que a própria "vagueza" era determinada pelo objeto mesmo. Como não se conhece a linha exata de demarcação entre a vida e a morte, uma definição nesse terreno parece inoportuna. Não se pode pretender um conhecimento do objeto mais rigoroso do que esse objeto permita. Também não se pode, por exemplo, pretender da política a mesma certeza da matemática. E a ciência da vida, contemplada por esse prisma, é mais semelhante à primeira do que à segunda.

Mais importante – e a ela Jonas dedica amplo espaço – é a terceira objeção. Em sua crítica, ele teria ignorado a diferença entre morte do "organismo como um todo" e morte de "todo o organismo". Mas Jonas não tem dificuldade em precisar que ele compreendia a morte no primeiro sentido e não no segundo. Nos cadáveres, cabelos e unhas ainda continuam crescendo por um lapso de tempo, mas não podemos considerar pelo mesmo parâmetro a respiração e a circulação do sangue. O efeito

---

46 A primeira objeção não é relevante porque Jonas certamente está disposto a admitir que seguindo a sua argumentação ficariam impedidos os esforços dos médicos para salvar vidas humanas. Jonas tem perfeita consciência disso. Mas, como esses esforços acarretariam a morte de outras vidas humanas (para ele, as pessoas no estado de morte cerebral ainda estavam de fato vivas), tais esforços deviam ser evitados.

da atividade dessas últimas (quer seja espontânea ou induzida, aqui pouco importa) se estende a todo o corpo e lhe permite continuar vivendo mesmo naquelas condições extremas.

> *Todo o sistema assim sustentado pode até fazer continuar, mediante a alimentação artificial, seu normal metabolismo e, portanto, igualmente outras funções (por exemplo, glandulares). De fato, suponho, praticamente tudo aquilo que não depende do controle do sistema nervoso central, a saber, a maior parte dos processos bioquímicos, "vegetativos". É exatamente este o estado em que o paciente em coma, graças a esses auxílios, pode continuar "vegetando" durante meses e anos, e poder dar um fim a esse estado era um dos objetivos do Relatório de Harvard.[47]*

Poder-se-ia sustentar que Jonas tem razão, mas só no que se refere ao estado vegetativo permanente, e não ao da morte cerebral total. Ora, não resta dúvida que Jonas não faz essa diferença. Em sua defesa, por outro lado, diga-se que essa distinção ainda não se havia afirmado na literatura científica, tanto que a mesma censura se poderia fazer também aos médicos de Harvard. Mas há outro aspecto interessante: hoje, na literatura científica muitos admitem ser impossível a certificação da morte cerebral total, tomando por base os critérios e os testes adotados. Estes, no máximo, permitem diagnosticar a morte cortical. Pesquisas científicas documentadas, realizadas nos primeiros anos da

---

47 JONAS, H. *Tecnica, Medicina ed Etica*, cit., p. 175.

54

década de 1990, e posteriormente não desmentidas, demonstraram que os pacientes, que respondem aos atuais critérios clínicos e testes neurológicos, utilizados para certificar a morte cerebral, não necessariamente apresentam a perda irreversível de todas as funções do encéfalo.[48]

Isso não quer dizer, certamente, que se possa assimilar a morte cortical à morte cerebral total, mas sim que o diagnóstico dessa última também não permite excluir completamente a presença de um resíduo de vida. E, por conseguinte, as considerações de Jonas, mesmo admitindo que se possam referir ao estado vegetativo persistente, podem ser também estendidas ao estado de morte cerebral, tendo em vista que em ambos os casos os pacientes não são ainda cadáveres.

No entanto, tudo bem considerado, Jonas não quer contestar tanto um determinado critério neurológico de morte, mas, sobretudo, a própria ideia que se acha na base desse critério. Ou seja, que a morte do cérebro pode ser interpretada como a dissolução do centro integrador de todo o organismo e, por conseguinte, como a morte daquela individualidade corporal em sua totalidade. Jonas se opõe *ante litteram* à postura que Alan Shewmon,[49]

---

48 *Infra*, Cap. III, a proposta de R. D. Truog, apresentada no ensaio È venuto il momento di abbandonare la morte cerebrale?, em: *Questioni mortali. L'attuale dibattito sulla morte cerebrale e il problema dei trapianti*, cit., pp. 205-229.

49 Um ensaio deste importante autor saiu agora na Itália com os títulos: morte do tronco cerebral, morte cerebral, e morte: reexame crítico da sua pressuposta equivalência, em: *Questioni mortali. L'attuale dibattito sulla morte cerebrale e il problema dei trapianti*, cit., pp. 176-204 (cf. infra, Cap. III).

algumas décadas depois, chamará de "ladainha das funções integradoras" e desse modo também se antecipa ao atual debate sobre a validade científica da definição de morte em termos neurológicos.

A ideia segundo a qual a morte do cérebro seria um sinal da morte do organismo se baseava no pressuposto que, em todo o caso, esta vinha depois daquela a pequena distância. Considerava-se, portanto, que o cérebro era o responsável pelo funcionamento orgânico integrado. Com sua total destruição, o organismo parava então de funcionar como um todo e, portanto, estava morto. A pesquisa científica posterior, no entanto, desmentiu também essa tese, dando ainda outra vez razão à intuição de Hans Jonas: não apenas organismos em estado vegetativo permanente, mas também organismos declarados em estado de morte cerebral sobrevivem durante muito mais tempo do que se poderia imaginar (Shewmon estuda o caso de uma sobrevivência recorde que durou mais de vinte anos). Isso implica que o cérebro não é no fim das contas tão essencial, como ao contrário se julgava, para o funcionamento integrado do organismo.

Põe-se assim radicalmente em discussão um dos pilares sobre os quais se sustenta a morte cerebral. A morte desse órgão de *per si* não provoca a desintegração do corpo. Essa desintegração vem a ser, sobretudo, consequência de lesões que afetam outros sistemas de órgãos e alcançam um nível crítico, que determina o desencadear do processo de morte. A essa conclusão chega Shewmon em alguns trabalhos que remontam aos anos 1990, e ela não me parece muito distante daquilo que Jonas tinha sustentado décadas antes, embora sem os suportes empíricos dos quais se poderia dispor mais tarde.

Mas Jonas antecipa o debate que viria mais tarde também em outro sentido, e precisamente, quando ainda discutindo as objeções de Guttentag, desloca a discussão do plano médico-científico para o ético-filosófico, do plano dos fatos para o dos valores. Vejamos como, mesmo que se admita (embora não se conceda) que o cérebro está totalmente morto, a pergunta correta que se deve pôr, segundo Jonas, não é se o paciente naquela condição está morto, mas o que é que se deve fazer com ele, pois é sempre um paciente. E Jonas responde nos termos seguintes:

> *A essa pergunta não se pode com certeza responder com uma definição de morte, mas com uma "definição" do homem e daquilo que é uma vida humana. Em outras palavras, não se pode driblar a questão decretando que a morte já aconteceu e, portanto, o corpo agora passa a fazer parte de uma simples coisa. Mas a resposta que a pergunta exige pode ser, por exemplo, que não é humanamente justo – e menos ainda jamais necessário – prolongar artificialmente a vida de um corpo sem cérebro.[50]*

Quando o cérebro para de funcionar, estamos então autorizados a suspender os tratamentos de apoio vital, agora inúteis. Pode-se então interromper os tratamentos, não porque o paciente já está morto, mas porque não tem mais sentido algum prolongar aquele

---

50 JONAS, H. *Tecnica, Medicina ed Etica*, cit., p. 176.

resíduo de vida. Mas – e aqui se vê com toda a clareza a posição contrária à retirada dos órgãos com o coração ainda pulsando – convém deixar que o paciente morra até o fim, não interrompendo momentaneamente com o auxílio do aparelho respiratório o processo de morte, para efetuar a retirada de seus órgãos nas melhores condições. Na opinião de Jonas, seria necessário suspender a respiração artificial e deixar que "o organismo como um todo" parasse de viver, antes de proceder eventualmente à retirada dos órgãos.

Nisso consiste, substancialmente, a articulada réplica de Jonas, *O leitmotiv* em que ele bate e rebate, ainda que com um *crescente* de argumentações, é sempre o mesmo:

> *Não é destituída de fundamento a suspeita de que a condição do paciente em coma, sustentada com meios artificiais, continue a constituir um resíduo de vida (como até há pouco tempo ainda era em geral considerada pelos médicos). Isso quer dizer que existe motivo para se duvidar que, mesmo na ausência da função cerebral, o paciente que respira esteja totalmente morto. Nessa situação de insuperável ignorância e de dúvida razoável, a única máxima correta para agir consiste em se inclinar a favor da vida presumida.*[51]

Também aqui se erraria acreditando que a referência ao "paciente que respira" deveria se entender no sentido do paciente em estado vegetativo permanente respirando de maneira espontânea. Aquilo que ele escreve vale tanto para os pacientes em coma irreversível, com

---

51 *Ibid.*, p. 179.

o aparelho respiratório ligado, quanto para aqueles que naquela condição conseguem ainda respirar de forma autônoma. Havendo dúvida se em ambos os casos os pacientes ainda não estão mortos, é necessário propender a favor da vida deles: *in dúbio pro vita*.

Outra observação diz respeito a um aspecto que deveria ser de particular interesse do ponto de vista jurídico. Jonas, com efeito, se pergunta por que, no fim das contas, não seria melhor ter uma definição legal de morte: seja como for, essa não oferece maiores garantias do que a falta de uma definição? Ora, se tal definição autorizasse apenas aquilo que é eticamente justificável, ou seja, a suspensão do tratamento, não haveria dificuldade alguma para aceitá-la, mas essa definição pode ter também consequências eticamente inaceitáveis, e por isso tem que ser rejeitada. Mas quais consequências?

Aqui seria interessante observar que, no início, as coisas pareciam bastante inócuas: tratava-se de deixar o tubo respiratório ligado enquanto não chegasse um pedido de transplante. Tratava-se, então, de desligá-lo e começar a operação de retirada de um órgão. Mas por que deveria acabar assim? Por que desligar o tubo respiratório, se a essa altura o paciente já está morto? E aqui Jonas se lançava a uma série de hipóteses que acabariam fazendo do corpo do falecido um banco de órgãos vitais, ao qual se poderia recorrer conforme a necessidade. Mesmo que essa previsão não se houvesse ainda verificado, o que dentro de pouco tempo se confirmou foi a retirada de órgãos com o tubo respiratório ainda ligado e, portanto, com o coração batendo.

A essa rigorosa análise que, como ele mesmo escreve, se move no plano do "senso comum", mas a meu ver avança muito mais que isso, Jonas faz seguir duas observações mais de natureza filosófica.

A primeira diz respeito à relação mente-cérebro. A segunda concerne à moral da nossa época. Vamos começar logo por essa última. Jonas vê (e como negar-lhe razão?), no uso daquela definição, um *punctum dolens* em nossa relação com a morte. Ao invés de deixar morrer um paciente em estado terminal, é necessário hipocritamente referir-se a ele como se já estivesse morto. Dizendo "já está morto", substituímos uma opção ética (e nesse caso pouco importa se apenas se trata de desconectar o aparelho respiratório, ou mantendo-o ainda ligado efetuar a retirada dos órgãos) com o simples registro de um fato já clinicamente atestado: "a covardia da moderna sociedade, horrorizada em face da morte como se esta fosse o mal absoluto, necessita da certeza (ou da ficção) de que a morte já se verificou quando se deve decidir".[52]

Maior atenção se deve reservar à primeira das observações. Embora Jonas não explicite essa referência, ela nos reconduz à complexa filosofia do organismo, elaborada por ele em sua obra teórica mais importante que não é – como pensam muitos – *Das Prinzip Verantwortung* (1979), mas *Phenomenon of Life* publicada em inglês em 1966 (e com algumas variantes, em 1973, em alemão; em 1999 foi publicada a tradução italiana; a tradução brasileira saiu em 2004: *O princípio da vida. Fundamentos*

---

52   *Ibid.*, cit., p. 181.

para uma biologia filosófica). Sem dúvida, aqui não é possível dedicar maior espaço a essa complexa obra. Basta, porém, recordar que ela se caracteriza por uma radical discussão do dualismo cartesiano entre *res cogitans* e *res extensa* que – a meu ver, de modo extremamente unilateral – marcaria, segundo Jonas, toda a filosofia moderna e até compactamente a contemporânea. "O dado de fato da vida como unidade psicofísica, tal como está presente no organismo",[53] serve, todavia, como pano de fundo para a crítica do novo dualismo cérebro-corpo que, na visão de Jonas, reaparece na nova definição de morte. Tomando isso por base, com efeito, julga-se "que a pessoa humana tem sua sede no cérebro (ou que seja, por este, representada) e que o resto do corpo seja apenas um dócil instrumento. Assim, quando o cérebro morre, é como se a alma tivesse ido embora: ficam apenas os 'restos mortais'. Ninguém pretenderá negar que o aspecto cerebral é decisivo para a qualidade humana da vida desse organismo que se chama 'homem' [...]. Mas esse desconhecer que o corpo extracerebral tem uma essencial participação na identidade da pessoa é um exagero do aspecto cerebral não menor do que aquele anterior da 'alma consciente' ".[54]

---

53 JONAS, H. Organismus und Freiheit. Ansätze zu einer philosophischen Biologie (1973), Organismo e libertà. *Verso una Biologia Filosofica*, por P. Becchi (editor), Torino 1999, p. 26. Sobre o tema CF. também JONAS, H. *Macht oder Ohnmacht der Subjektivität? Das Leibe-Seele-Problem im Vorfeld des Prinzips Verantwortung* (1981). *Potenza o Impotenza della Soggettività? Il Problema Anima-corpo quale Preambolo al "Principio Responsabilità"*, por P. Becchi e R. Franzini (Eds.), Tibaldeo, Milano 2006.
54 JONAS, H. *Tecnica, Medicina ed Etica*, cit., p. 180.

A ideia segundo a qual a pessoa humana já não existe quando o cérebro não mais funciona, porém, seu organismo – graças ao aparelho respiratório ainda ligado – é mantido vivo, implica identificar a pessoa somente com as atividades cerebrais. No entanto – segundo Jonas –, ainda que as funções superiores da pessoa tenham a sede no cérebro, sua identidade é a do organismo como um todo: "o corpo é unicamente o corpo deste e de nenhum outro cérebro, tal como o cérebro é unicamente o cérebro deste e de nenhum outro corpo".[55] E nesse ponto Jonas acrescenta: justamente por isso, porque o corpo se acha intimamente ligado ao cérebro, é que ele não pode ser considerado da mesma forma que um cadáver quando – mesmo que seja graças à respiração artificial – continua respirando e ainda funcionando do ponto de vista orgânico. Antes, "deve ser sempre considerado como resíduo duradouro de uma pessoa que amou e foi amada e, como tal, ainda tem direito à inviolabilidade que se deve a semelhante pessoa de acordo com o direito humano e divino. Esse caráter inviolável da pessoa impõe que não se disponha dela como se fosse um simples meio".[56]

Essa bateria de argumentos apontada em direção ao dualismo será, à primeira vista, contradita nos anos seguintes, quando Jonas, discutindo o tema do direito de morrer, com referência ao paciente em coma irreversível, o abordará no sentido de uma "pessoa que não

---

55 *Ibid.*, p. 180.
56 *Ibid.*

existe mais" ou de um "resíduo impessoal remanescente" ou de um paciente cuja pessoa "já está extinta".[57] Ora, se esta tivesse sido a última palavra de Jonas sobre o argumento, talvez se fosse tentado a concluir que ele, ao menos nessa perspectiva, teria mudado de ideia, mas não foi assim. Convém contextualizar o texto: o interesse de Jonas, em seu ensaio sobre o direito de morrer, é em primeiro lugar o de sublinhar que não estamos autorizados a suspender o tratamento de apoio artificial mesmo no caso em que a pessoa "não exista mais" no sentido que, estando em coma irreversível, fica excluída a possibilidade de ela recuperar sua vida consciente e, portanto, não mais estará em condição, ela mesma, de pedir que suspendam o tratamento. Nesse caso, podemos fazer apelo a um direito póstumo ao recurso daquela pessoa – e nesse âmbito se poderia também inserir o assim chamado testamento biológico – que nos obriga a pôr fim a essa sobrevivência degradante. Portanto, a diferença desse texto para o precedente é mais aparente do que real.

---

57 JONAS, H. Das Recht zu sterben (1984-1985), Tecniche di differimento della morte e il diritto di morire, em: *Tecnica, Medicina ed Etica*, cit., p. 196 "A 'eutanásia' como ato médico pode ser levada em conta somente nos casos de um resíduo de vida que vegeta inconscientemente e é artificialmente conservado, quando a pessoa do paciente já está extinta" e p. 199 "Propriamente não se poderia indicar o direito *de quem* seria tutelado ou violado com uma decisão qualquer: o direito da pessoa que não existe mais ou o do resíduo impessoal remanescente?".

2. Uma mãe morta com uma criança viva no útero?

Jonas, mais tarde, voltou a insistir também em sua crítica "filosófica" à retirada dos órgãos de pessoas cerebralmente mortas. É o que se constata a partir de uma interessante troca de cartas com um médico alemão, que remonta desde novembro de 1992, publicadas faz pouco tempo também na língua italiana. Nessas cartas, Jonas, com grande coerência, frisa os dois motivos salientes da sua crítica à nova definição de morte. Vale a pena recordar aqui a ocasião dessa troca de cartas.

Em outubro de 1992, em consequência de um acidente rodoviário, uma jovem senhora, de nome Marion, entrou em coma irreversível e, depois dos exames previstos, foi declarada cerebralmente morta. Depois de haver obtido o consentimento dos pais, os médicos tencionavam proceder a retirada dos órgãos da mulher, quando se deram conta de que ela estava grávida. Esse fato, é óbvio, influiu na decisão dos médicos para não efetuarem a retirada dos órgãos e para intervirem com todos os recursos disponíveis, a fim de permitirem que a gravidez prosseguisse. Na Alemanha acendeu-se a discussão sobre a morte cerebral e muitos então se perguntaram como é que era possível um "cadáver" levar à frente a gravidez. O próprio Jonas insiste sobre esse ponto, replicando ao seu interlocutor, que tinha afirmado que "a respiração mantém apenas funções isoladas do corpo", agora reduzido a um "mero aglomerado de órgãos":

> *Se assim fosse, o vosso feto se daria muito mal. No en-tanto, vossa esperança se fundamenta justamente no fato de que, do corpo a que se aplica a respiração artificial, é possível esperar algo muito diverso de um mero aglomerado [...]. Submeto ao teu juízo "verda-deiro" ou "falso", como perito, a seguinte enumeração de um leigo no assunto: a "respiração artificial" faz os pulmões respirarem. Os pulmões respirando fazem o coração bater. Batendo, o coração faz o sangue cir-cular. O sangue, circulando, irriga todos os órgãos e, nesses, todas as células, mantém vivas essas últimas e os órgãos funcionando... Da ação comum faz parte a elaboração da alimentação fornecida, isto é, por con-seguinte, o metabolismo do corpo inteiro em todas as suas partes – a maneira fundamental de ser da vida como tal.[58]*

Também aqui Jonas faz valer, portanto, o motivo fundamental de sua crítica precedente: é o orga-nismo como um todo que está sendo mantido em vida pelo aparelho respiratório, e não algumas de suas partes isoladas. Aliás, o caso em pauta, que terminou com um aborto espontâneo, leva-o a ver, neste, a ulte-rior confirmação de que o corpo da mulher, ainda que em estado de morte cerebral atestada, estava de tal modo vivo que foi capaz de "decidir" expulsar de si o feto quando não estava mais vivo. E justamente nesse

---

58 JONAS, H. Uma mãe morta com um feto vivo no corpo?, em: *Questioni Mortali*, cit., pp. 72-73. Originariamente, a carta foi publicada na abertura do volume *Wann ist der Mensch tot? Organverpflanzung und Hirntod Kriterium*, por J. Hoff e J. in der Schmitten (Eds.) Reinbeck bei Hamburg 1994, pp. 24-25. Acerca de um caso ocorrido em Gênova tornei a falar diversas vezes (em "Il Giornale", quarta-feira, 2 de fevereiro de 2005, p. 41, e sexta-feira, 11 de março de 2005, p. 44), levantando algumas questões éticas e jurídicas.

contexto Jonas enfatiza a crítica ao dualismo corpo-cérebro nos mesmos termos do ensaio em que a levantara pela primeira vez. Referindo-se ao médico que estava acompanhando o caso em pauta, ele escreve:

> *Querendo ou não, você, meu caro, ou melhor, vocês contradisseram com seu modo de agir bem ponderado a contemporânea declaração de morte de seu objeto. Vocês disseram que com o aparelho respiratório (e as outras coisas) queremos impedir que o corpo de Marion se torne um cadáver, de modo que possa dar prosseguimento à gravidez. Acreditando que ele é capaz disso, ou pelo menos admitindo que ele tenha essa possibilidade, vocês apostaram no resíduo de vida que existia nela, ou seja, da vida de Marion! Com efeito, o corpo é tanto unicamente o corpo de Marion, quanto o cérebro era o cérebro de Marion [...]. Vocês acreditavam sinceramente na chance de sucesso, isto é, na capacidade funcional do corpo cerebralmente morto que era para tal fim necessário e mantido pela habilidade de vocês. Então vocês acreditavam na VIDA dela temporariamente prolongada para o bebê. Não lhes é licito negar essa crença em outros casos de coma para outros fins.[59]*

E assim Jonas chegava a concluir, frisando mais uma vez sua crítica à retirada dos órgãos de mortos cerebrais exatamente nos mesmos termos em que a formulara pela primeira vez: "Justamente a dúvida – o fato de não se saber no fundo onde é que se acha a exata fronteira entre a vida e a morte – deveria dar a precedência à suposição da vida e fazer que se resistisse

---

59 *Ibid.*, pp. 74-75.

66

à tentação da declaração de morte assim pragmaticamente aconselhada".[60]

O aspecto mais importante da crítica de Jonas se percebe, portanto, quando ele insiste na impossibilidade de determinar com absoluta certeza a fronteira entre a vida e a morte. Precisamente a dúvida, o fato de não se saber onde passa exatamente essa fronteira deveria nos levar a propender, no caso da morte cerebral, pela suposição da vida (*in dubio pro vita*) e resistir à tentação de antecipar, para fins totalmente extrínsecos ao paciente, o instante de sua morte. Mas quando Jonas formulou pela primeira vez sua crítica, a voz dele – mesmo sendo importante – soou fora do coro. Só no decurso dos anos 1990 é que iniciou a se manifestar, tanto no círculo filosófico como também no círculo científico, uma atitude crítica que leva hoje alguns pesquisadores até a sugerir a necessidade de se abandonar definitivamente a noção de morte cerebral.

Não apenas filósofos intelectualmente sintonizados com Jonas, Robert Spaemann[61] ou Josef Seifert,[62] caminham

---

60 *Ibid.*, p. 75.

61 SPAEMANN, R. La morte della persona e la morte dell'essere umano, em: *Lepanto*, n° 162, XXI, dezembro 2002 (Dossiê: *Ai confini della vita*). Cf. também R. Spaemann, *Personen° Versuche über den Unterschied zwischen "etwas" und "jemand"*, Stuttgart 1996, pp. 252-264 (tr. it., *Persone*, Roma-Bari 2005). Cf. também a comunicação Is Brain Death the Death of the Human Being? On the Current State of the Debate, em: *Finis Vitae. Is Brain Death Still Life?*, por R. de Mattei (Ed.). Soveria Mannelli, 2006, pp. 251-263, tr. it., em: *Finis Vitae. La Morte Cerebrale è Ancora Vita?* Soveria Mannelli 2007, pp. 333-340 (saiu com o título L'uomo è persona, em: *Liberal*, 40 (2007), pp. 114-123.

62 Das numerosas contribuições que Josef Seifert dedicou ao tema em pauta me limitarei a recordar o traduzido em italiano com o título La Morte

na mesma direção, mas até um autor como Peter Singer, distante anos-luz desses dois nomes citados. Também no caso de Singer vale a pena reconstituir o caminho percorrido.

3. Os exórdios pouco luminosos de Peter Singer

Deve-se reconhecer a Peter Singer o mérito de nos ter obrigado a pensar o não pensado em toda uma série de importantes quesitos de ética aplicada, do animalismo à bioética médica. Singer levanta perguntas perigosas, como de resto é sempre arriscado o caminhar do pensamento quando se aventura por veredas não muito trilhadas. E jamais se deixa cair presa do pânico, mesmo quando pelo fim dos anos 1980 sofreu um boicote na Alemanha, a ponto de ser impedido de falar.[63] Foi, sem dúvida, necessário mostrar muita coragem, e

---

Cerebrale non è La Morte di Fatto. Argomentazioni filosofiche, em: *Questioni Mortali*, cit., pp. 77-97. Cf. também sua intervenção On "Brain Death" Em Brief: Philosophical Arguments for and against Equating it with Actual Death, em: *Finis Vitae. Is Brain Death Still Life?*, cit., pp. 189-210 (tr. it. em: *Finis Vitae. La morte cerebrale è ancora vita?*, cit., pp. 247-276.

63 Para uma primeira informação a esse respeito, cf. Questioni vitali. Per una critica dell'"etica pratica' di Peter Singer, em: *Il Mulino*, 331, XXXIX, 5 (1990), pp. 691-721. Quanto ao *affaire* Singer, cf. ao menos *Peter Singer in Deutschland. Zur Geführdung der Diskussionsfreiheit in der Wissenschaft*, por C. Anstotz. R. Hegselmann, H. Klient (Eds.). Frankfurt a.M. 1995. Pode--se ler em italiano a resposta de Peter Singer aos protestos no volume Peter Singer. *La Vita Come si Dovrebbe*, Milano 2001, pp. 330-345. Pode-se encontras as teses defendidas por Singer no volume H. Kuhse, P. Singer, *Muss dieses Kind um Leben bleiben? Das Problem schwerstgeschädigter Neugeborener*, Erlangen 1993 (versão alemã reelaborada de um livro em língua inglesa, publicado em 1985 com o título *Should the Baby Live? The Problem of Handicapped Infants*).

68

talvez um pouco de ingenuidade também, para apresentar-se naquele país com uma conferência intitulada: "Recém-nascidos gravemente malformados têm direito à vida?". Além das imediatas reações hostis, diria quase compreensíveis, sem por isso pretender de modo algum justificá-las. Singer, no entanto, conseguiu, também na Alemanha, reabrir o debate sobre um tema: a eutanásia, forçando, inclusive, importantes escolas de pensamento, de inspiração totalmente diferentes da sua, como a de Karl-Otto Apel, a confrontar-se com suas teses.[64] Antes de passar às suas teses mais recentes, parece-me então oportuno começar com um *flash-back*.

Alguns dias antes de sofrer na Alemanha o duro boicote, o qual aludi acima, Singer se achava na Itália e, na sede milanesa de *Politeia*, proferiu no dia primeiro de junho de 1989 uma interessante conferência sobre os problemas relativos à morte cerebral, seguida depois por um igualmente interessante debate.[65] Em primeiro lugar, Singer descreve como se deu a passagem da definição tradicional de morte, com base na parada cardiocirculatória, para a nova definição de morte cerebral, proposta pela Comissão de Harvard já pelo fim dos anos 1960 e, depois, gradualmente aceita em muitos países ocidentais, e explica as razões pelas

---

64 *Zur Anwendung der Diskursethik in Politik. Recht und Wissenschaft*, por K.-O. Apel (Ed.). M. Kettner, Frankfurt a.M. 1992. Cf. também D. Böhler, A. Mattheis, *Töten als Therapie? 'Praktische Ethik' des Nutzenkalkuls versus Diskursethik als kommunikative Verantwortungsethik*, em "Ethik und Sozialwissenschaften" II, 3 (1991), pp. 361-375.

65 SINGER, P. Il concetto di morte tra etica filosofica e medicina, em: *Politeia*, V, 16 (1989), pp. 4-9 *(Debate*, pp. 9-13).

quais se julgou indispensável essa modificação. Vejamos alguns passos:

> *O motivo pelo qual isso era considerado necessário era que, se for possível estabelecer, além de qualquer dúvida razoável, que o cérebro cessou completamente toda a sua função de modo irreversível, e não mais poderá voltar a funcionar, deve-se então considerar o ser humano como morto. Uma vez que o cérebro não mais está em condição de funcionar, a pessoa está morta.*[66]

Logo surgem espontaneamente algumas perguntas interligadas entre si: a morte cerebral é a morte da pessoa ou do ser humano? Julga Singer efetivamente que seja possível certificar, "além de qualquer dúvida razoável", a perda irreversível das funções de todo o cérebro? Compartilha, portanto, a nova definição de morte?

Quem conhece as obras seguintes de Singer sabe como ele responde a todas essas perguntas, mas deste texto que remonta a um tempo mais distante, emerge uma atitude muito mais oscilante, que já transparece da passagem citada e na qual eu gostaria de me deter um pouco mais de perto. Pode ser útil também para procurar reconstituir retrospectivamente o caminho por ele percorrido. Por um lado, Singer (e sobre isso, como veremos, vai insistir sempre mais nos anos seguintes) enfatiza como a passagem da tradicional definição de morte para a nova definição constitui um problema fundamentalmente ético, embora tenha sido apresentado

---

66 SINGER, P. *Il Concetto di Morte tra Etica Filosofica e Medicina*, cit., p. 4.

como um problema eminentemente científico, como uma ampliação de nossos conhecimentos. Por outro lado, todavia, Singer (e acerca disso, como veremos, suas opiniões vão mudar com o tempo) não contesta o dado científico alcançado com a definição de morte cerebral: supõe, aliás, que uma definição como essa é, no fim das contas, defensável. E que se pode até levá-la ao extremo, até ao ponto de substituí-la por uma definição que leve em conta não o cérebro inteiro, mas somente uma parte deste. Trata-se da assim chamada morte cortical. Sobre isso voltaremos a tratar em breve.

Os dois aspectos agora postos em evidência, um ético e o outro científico, poderiam também se conjugar, e a conquista de uma nova descoberta científica poderia levar também a um novo modo de pensar na esfera ética. Se a ciência médica (admitindo-se por um momento que seja possível) demonstrar com razoável certeza que um paciente em coma irreversível na realidade não é mais um paciente, e sim um cadáver, deveríamos daqui em diante tratá-lo como um cadáver, e não mais como um paciente.[67] Pensando bem, é justamente essa a conclusão ética que no círculo católico foi tirada da nova definição de morte, interpretando-a, precisamente, como uma definição que se coaduna perfeitamente com os fatos.[68] O problema da sacralidade da vida em relação aos pacientes em coma irreversível, cuja morte cerebral foi

---

67   Para algumas considerações éticas acerca de como tratar os despojos mortais, cf. BECCHI, P. *La Morte nell'età Tccnica,* Genova 2002, pp. 36-55.
68   Assim se afirma, por exemplo, no volume GRISEZ, G.; BOYLE, J. *Life and Death with Liberty and Justice.* Notre Dame (IN), p. 77.

MORTE CEREBRAL E
TRANSPLANTE DE ÓRGÃOS | **71**

atestada, não se põe, uma vez que eles, para a Igreja Católica, e de acordo com os atuais conhecimentos científicos, estão mortos.[69] A licitude moral dos transplantes decorre imediatamente desse raciocínio. No caso de se afirmar que as retiradas de órgãos na realidade não procedem de cadáveres, mas de seres humanos de algum modo ainda vivos, a Igreja deveria condená-los, tomando por base precisamente o princípio da sacralidade de toda vida humana. Portanto, também da vida daqueles seres, ou encontrar outras formas de justificação (cf. *infra*; cap. IV).

Tudo isso vale para a Igreja Católica, mas podemos julgar que também valha para Peter Singer? Certamente não, embora, justamente sobre o tema dos transplantes tenha se verificado uma surpreendente e até inédita convergência tática entre posições utilitaristas e posições católicas. Os católicos, aliás, pelo menos quando se vê o que aconteceu na Itália, parecem quase terem antecipado posições das quais, obviamente, os utilitaristas logo se apropriaram.

Vale a pena abrir aqui um pequeno parêntesis, e explicitar sem demora esse ponto para explicar o que aconteceu na Itália nas últimas décadas justamente no tema dos transplantes. Tendo os católicos reconhecido a validade científica da morte cerebral,[70] já não ficavam de pé razões moralmente vinculantes para não se oporem à

---

69   Quanto à posição da Igreja Católica, cf. *infra*, cap. IV.
70   Veja a esse respeito as atas do encontro promovido pela Pontifícia Academia das Ciências: *Working Group on the Determination of Brain Death and its Relationship to Human Death,* pp. 10-14 december 1989, por R.J. White, H. Angstwurm, I. Carrasco de Paula (Eds.), Città del Vaticano 1992.

prática dos transplantes. E como a doação de órgãos era largamente insuficiente, pensou-se, acima de tudo nos círculos católicos,[71] em inverter a pressuposição do consentimento: se você não dá uma resposta negativa, quer dizer que está de acordo, e como um pouco de individualismo não faz mal, nesse caso não é tampouco necessário ouvir a opinião dos familiares. Foram necessárias algumas décadas para chegar a esse ponto. Mas, pelo menos no papel, em 1999 o acordo entre bioética leiga e bioética católica, firmado muitos anos antes, pôde encontrar sua legitimação política na nova lei sobre o transplante de órgãos de um cadáver.[72] Nada disso, no entanto, toca diretamente a Singer, embora ele – entrevistado a esse respeito – se tenha declarado logo perfeitamente de acordo com Sgreccia, afirmando:

> *Se Sgreccia realmente sugeriu que se invertesse o sistema de um no qual se deve declarar favorável ao transplante para outro no qual seja necessário declarar-se não favorável, então este é um ponto sobre o qual estamos plenamente de acordo.*[73]

---

71 *Trapianti di organi*, por A. Bompiani, E. Sgreccia (Eds.), Milano 1989.
72 Para uma crítica, cf. BECCHI, P.; DONADONI, P. Informazione e consenso all'espianto di organi da cadavere. Riflessioni di politica del diritto sulla nuova legislazione, em: *Politica del Diritto*, XXXII 2 (2001), pp. 258-287. Cf. também BECCHI, P. Tra(i)pianti. Spunti critici intorno alla legge in materia di donazione degli organi e alla sua applicazione, em: *Ragion Pratica*, 18 (2002), pp. 275-288. Sobre a não autorização da família, cf. DONADONI, P. La Legge 91/1999 sui trapianti d'organo. Quali diritti garantire alla famiglia?, em: *Famiglia Oggi*, pp. 8-9 (2001), pp. 90-94.
73 SINGER, P. Bioética: dilucidazioni e problemi, entrevista concedida a M. Mori, em: *Iride*, 3 (1989), pp. 168-181.

Além da convergência tática, permanece, no entanto, uma notável e importante diferença teórica, de resto expressa também na conferência que estamos examinando. Para Singer, quando dizemos que um indivíduo em coma irreversível está morto, estamos formulando em primeiro lugar um juízo ético, não um juízo científico. Mas devemos também perguntar-nos em qual relação estão para ele os dois juízos. Além do juízo ético que Singer exprime sobre a pessoa cerebralmente morta, será que ele considera cientificamente segura a tese em que o ser humano, nessas condições, está de fato morto? A resposta a essa pergunta – que obviamente implica seu juízo sobre o conceito de morte cerebral – é mais difícil do que à primeira vista pode parecer, porque Singer, na conferência que estamos examinando, nos deixa, a meu ver, diante de um nó górdio. Também na entrevista pouco antes citada, Singer enfatiza que "a morte do cérebro não é realmente a morte do organismo corporal", mas julga, ao mesmo tempo, que "o uso do critério de morte cerebral é decisivamente justificável.[74] Portanto, por um lado os pacientes em condição de morte cerebral estão ainda vivos, mas por outro lado resulta, no entanto, justificável o uso do critério da morte cerebral tomado como base para que sejam desde já definidos mortos.

Da mesma forma, na citada conferência ele por um lado frisa que na perspectiva biológica a morte do cérebro não é na realidade a morte do organismo (e, portanto, mostra surpresa ao ver que a Igreja Católica tenha

---

74   *Ibid.*, p. 181.

74

aceitado a "morte cerebral" como critério adequado de morte). Por outro lado, no entanto, boa parte de suas considerações está centrada justamente na importância do cérebro (que ele define como "importância única"), para estabelecer quando se deveria considerar morto um ser humano (e Singer mostra-se novamente surpreendido pelo fato de que a Igreja Católica, embora aceite a "morte cerebral", não tenha julgado possível estendê--la também aos anencéfalos). Essas, precisamente, são as suas palavras: "se os teólogos católicos podem aceitar essa posição em caso de morte cerebral, deveriam ser capazes de aceitá-la igualmente em caso de anencefalias".[75] Segundo Singer, se em um caso como o da morte cerebral se admite que a mera vida biológica humana deixa de ter valor, então isso deveria ser também estendido ao caso dos anencéfalos. Mas é justamente essa premissa que não é aceita pela Igreja Católica. Esta julga que, depois de ter sido atestada a morte cerebral, não existe mais nenhum tipo de vida, mas só a morte.

Na realidade, quer se queira ou não compartilhá-la, a posição católica (pelo menos nesse ponto específico) tem coerência própria e se fundamenta em uma perfeita correspondência entre um dado científico, que se considera definitivamente consolidado (mas, como se verá, é discutível que o seja) e algumas considerações éticas. A partir do momento em que a perda irreversível das funções de todo o encéfalo é o dado científico, que nos permitiria com segurança atestar a morte, quem sofreu essa

---

75 SINGER, P. *Il Concetto di Morte tra Etica Filosofica e Medicina*, cit., p. 7.

perda está morto. Mas o mesmo não acontece com o recém-nascido anencéfalo que, embora sem o córtex cerebral, possui, todavia, um tronco encefálico ainda funcionando de algum modo. A posição da Igreja Católica se torna extremamente problemática só no momento em que admitimos que, na realidade, o morto cerebral não está de fato ainda morto e, por conseguinte, contestamos a validade científica do critério da morte cerebral. Nesse caso, porém, deve-se também afirmar que a Igreja Católica, em vez de se mover na direção almejada por Singer, deveria voltar completamente atrás e, no que se refere aos transplantes, declarar que são totalmente ilícitos, tendo em vista que os obtemos de doadores que ainda estão vivos, ou encontrar outra justificativa para os transplantes, que não passe pela noção de morte cerebral.[76]

Aqui não nos interessa, todavia, a posição católica (da qual vamos nos ocupar amplamente mais adiante quanto a de Singer, e a minha impressão é que a acusação de incoerência levantada contra a Igreja Católica, ao menos nesse caso, acaba se virando contra ele. Essa posição – como vimos – está fundamentada sobre a aceitação da cientificidade da definição de morte cerebral. Quanto a Singer, ao menos na conferência aqui discutida, mostra que mantém a esse respeito uma atitude certamente contraditória: por um lado considera insatisfatória tal definição; por outro lado defensável. Se o primeiro aspecto resulta evidente a partir do modo como ele discute a posição da Igreja Católica, o segundo resulta, outrossim,

---

76   Sobre esse ponto cf. *infra,* cap. IV.

76

evidente pelo modo como ele encara o problema dos recém-nascidos anencéfalos.

Vamos aqui deixar de lado o juízo ético formulado por Singer a esse respeito – ou seja, a possibilidade de utilizar os anencéfalos como doadores de órgãos – e vamos nos concentrar em torno da analogia que ele estabelece entre um adulto cerebralmente morto e um recém-nascido anancefálico:

> *A anencefalia é, com efeito, algo semelhante à morte; não é a morte do cérebro, ao menos em caso de anencefalia total que é a falta do cérebro; jamais houve um cérebro em condição de funcionar. Por conseguinte, se o fato de que o cérebro está morto significa que podemos considerar o organismo humano como morto, mesmo que este continue mantendo suas funções vitais, então julgo que poderíamos considerar o anencéfalo ou como um morto ou, melhor ainda, como se não houvesse jamais vivido.[77]*

A analogia entre o adulto cerebralmente morto e o recém-nascido anencéfalo iria consistir, portanto, no fato de que como a morte do cérebro, no primeiro caso, é a morte do organismo humano, assim a falta de cérebro, no segundo caso, significaria que o recém-nascido, na realidade, nunca viveu. Aqui sem dúvida se pode facilmente retrucar – como, de resto, o fez Defanti em sua intervenção – que a analogia não se sustenta pela razão já exposta: a condição do recém-nascido anencéfalo de fato não cai na casuística prevista para se aplicar o critério

---

77 *Ibid.* (A pontuação foi ligeiramente modificada).

da morte cerebral porque, nesse caso, não temos a perda irreversível de todas as funções do encéfalo. Ele, efetivamente, esclareceu que:

> *Se aceitarmos o critério da morte cerebral como perda irreversível das funções de todo o encéfalo (tronco cerebral, inclusive), não poderemos declarar morto o recém-nascido enquanto se achar presente um sinal de respiração espontânea.*[78]

Mas o aspecto mais interessante, considerando bem, é outro. Aqui Singer chega à sua conclusão tomando justamente por base *esse* critério, levantando a hipótese – ainda que incorretamente – de que seria possível estendê-lo ao caso dos anencéfalos. Nesse contexto, todo o raciocínio de Singer pressupõe implicitamente a validade científica da "morte cerebral".

Mesmo quando pouco depois discute uma eventual possibilidade de se passar de uma definição de "morte cerebral" para uma definição de "morte cortical", a primeira possível objeção a que procura responder é de natureza científica:

> *Podemos estabelecer, penso que com certeza, a morte de todo o cérebro e a impossibilidade de recuperação depois que esta foi verificada. Mas será que podemos estabelecer com a mesma certeza a morte das partes superiores do cérebro, quando as funções das partes inferiores estão ainda ativas? [...] Se um dia se conseguir estabelecer, com absoluta certeza, o momento em que*

---

78 Defanti, C.A. *Dibattito*, cit., p. 10.

estão mortas ou irreversivelmente destruídas as funções superiores do cérebro sem possibilidade de recuperação, então a objeção técnica cessará.[79]

Aqui Singer não está de modo algum emitindo juízo ético sobre o que fazer com pacientes comatosos irreversíveis e recém-nascidos anencéfalos, mas ao contrário dizendo: enquanto hoje é possível estabelecer "com certeza" a morte cerebral, o mesmo não acontece ainda com a morte cortical. Daí se deveria então concluir que ele, tendo em vista o atual estado dos nossos conhecimentos, considera cientificamente defensável ao menos o critério da morte cerebral. Embora ele pretenda manter a distinção entre o nível ético e o científico, os dois níveis de fato acabam ficando constantemente confundidos em sua argumentação. Ao que parece, o problema para ele não seria saber se os comatosos irreversíveis ou os anencéfalos estão mortos, e sim decidir o que fazer com eles. Mas, então, para decidir o que fazer com eles, é necessário saber se estão mortos. Singer não consegue sair desse círculo vicioso. E persistente, como densa neblina, fica de pé a dúvida: vivo ou morto? A morte do cérebro tem na verdade alguma coisa de especial em comparação com a morte de todos os outros órgãos? É o próprio Singer que se põe expressamente a pergunta. Sua resposta, no entanto, não só não soluciona o problema, mas, ao contrário, levanta novas perguntas:

---

79 SINGER, P. *Il Concetto di Morte tra Etica Filosofica e Medicina*, cit., p. 8.

> *Portanto, eis o verdadeiro problema: quando é que deveríamos considerar que o organismo está morto? Tomando essa decisão, creio que assumimos um certo critério para selecionar um desses órgãos (humanos) como crucial, para estabelecer aquilo que consideramos mais importante no ser humano.*[80]

Mais uma vez, atestando a confusão dos níveis, Singer responde a uma pergunta diferente da que formulou. Não nos deixemos enganar pelo uso do verbo "dever", e fixemos a atenção no vocábulo "organismo". Para responder a esta pergunta: "quando é que um organismo está morto?", não temos realmente necessidade de nenhuma decisão ética. Deveríamos, acima de tudo, conhecer em termos factuais quando é que isso acontece: para aqueles que, por exemplo, adotam o critério da morte cerebral, um ser humano está morto precisamente quando se constatou a morte de todo o seu cérebro. Singer, ao contrário, quer demonstrar exatamente o contrário, isto é, que foi uma decisão ética que levou a atribuir importância decisiva ao cérebro na hora de se procurar estabelecer se uma pessoa está viva ou morta.

Para apoiar sua tese, ele narra um exemplo um tanto macabro, e peço vênia a Maurizio Mori, que nele está envolvido, para retomá-lo aqui. Singer supõe que é agora uma pessoa cerebralmente morta, mas com um corpo íntegro e com seus órgãos mantidos vivos, e que Mori tenha sofrido um grave acidente de trânsito, que lhe destroçou totalmente o corpo, mas deixou o cérebro intacto.

---

80 *Ibid.*, p. 5.

80

Admitindo, por hipótese, que se possa retirá-lo e transferir para o corpo de Peter, quem é o indivíduo que sobrevive? Para Singer, não restam dúvidas: quem sobrevive é Maurizio, e não devemos pensar que transplantamos o seu cérebro para o corpo de Peter, e sim que é o corpo deste último que está no corpo do primeiro. Isso demonstraria que a escolha ética é que é decisiva, e não a consideração científica:

> Se há um corpo, este é semelhante ao meu, mas tem as recordações de Maurizio, suas ideias, seu modo de pensar, a personalidade de Maurizio. O corpo recorda afetuosamente a mulher com a qual Maurizio tem uma relação e não guarda recordação alguma da mulher com a qual tenho eu uma relação, e assim por diante. Então, a meu ver, está bastante evidente que o sobrevivente é Maurizio, e não eu.[81]

Vamos começar primeiramente dizendo que mais que assemelhar-se a Peter, o corpo em questão é exatamente o de Peter, e que é o cérebro de Maurizio, não o corpo de Peter, que se recorda afetuosamente da mulher de Maurizio. Isto é, se queremos seguir até a fundo o raciocínio de Singer. Mas vamos colocar-nos, por um átimo, na pele das respectivas mulheres: como a insistência é sobre o perfil ético, não podemos negligenciar esse aspecto. A mulher de Maurizio se acha diante de um corpo que lhe é totalmente estranho e que, talvez (e aqui peço que Peter Singer me desculpe), justamente não lhe agrada e, seja como for, não é esse o corpo pelo qual se apaixonara. Ou será que

---

81 *Ibid.,* p. 6.

deveríamos pensar que ela se apaixonou pelo córtex cerebral de Maurizio? Talvez alguém diga: mas ela mesmo assim tem um homem (embora com o corpo de outro). E, com efeito, as coisas são decisivamente piores para a viúva de Peter, que não tem mais um homem. Vamos supor agora que a família Mori convide para a ceia a viúva de Peter, e ela vai se encontrar diante de um Maurizio que não só se assemelha incrivelmente ao seu Peter, mas é em termos físicos precisamente ele. Será suficiente, para convencer a viúva, que não se trata mais de seu Peter, mostrar a ela que ele está comendo um espeto de frango, quando seu marido – vegetariano – jamais o faria? Numa palavra, deslocando os termos da questão da ciência para a ética, Singer não só não responde à pergunta que se colocou ("quando é que deveríamos considerar morto um ser humano?"), mas está se expondo a outra possível crítica: a de ter pretendido fundamentar a ética sobre um pressuposto metafísico, isto é, o dualismo de corpo e cérebro.

Ainda que Mori tencione abster-se de apresentar sua posição, tem, mesmo assim, a meu ver, indubitavelmente razão para levantar, no debate subsequente à conferência, a seguinte objeção:

> A posição de Singer parece pressupor um forte "dualismo" no sentido de reduzir a própria pessoa a poucos centímetros cúbicos de cérebro, tornando mais ou menos inútil o resto do corpo. Pergunto-me, portanto, como é que essa posição se poderia conciliar com uma visão materialista da pessoa [...].[82]

---

82 MORI, M. *Dibattito*, cit., p. 11.

A resposta de Singer se mostra, considerando bem, muito fraca. Como, segundo ele, o cérebro também, tal como o corpo, é coisa física, não se poderia acusá-lo de ter sustentado uma visão dualista. Essa réplica visaria distinguir o novo dualismo cérebro/corpo (totalmente dentro da matéria) do antigo dualismo alma/corpo no qual, efetivamente, se davam duas substâncias diferentes. Mas o novo dualismo incide no mesmo erro do precedente. É possível ser dualista igualmente interpretando corpo e cérebro em termos também fisicalistas, mas afirmando que a identidade de uma pessoa é dada apenas pelo seu cérebro, enquanto seu corpo extracerebral é para ela não essencial. Pois bem, é justamente isso que se depreende do exemplo aduzido por Singer: o corpo não é unicamente o corpo deste e de nenhum outro cérebro, tal como o cérebro não é unicamente o cérebro deste e de nenhum outro corpo. Desse ponto de vista não é tão relevante decidir se Maurizio recebeu um transplante de corpo ou se Peter recebeu um transplante de cérebro: é a unidade psicofísica de ambos que não mais existe. Não será esta uma posição dualista?

Bem entendido, não há nada mal em ser dualista (o mundo ainda está cheio deles). O problema é que Singer pensa que não é dualista e, para demonstrá-lo, vai ao extremo de afirmar que "a posição filosófica mais plausível nessa matéria é conceber a identidade pessoal como conectada ao corpo na sua totalidade"[83].

---

83   SINGER, P. *Il Concetto di Morte tra Etica Filosofica e Medicina,* cit., p. 12 (*Dibattito*).

Essa afirmação, sem dúvida, não é dualista, mas é incoerente com toda a sua argumentação anterior: se a identidade de uma pessoa está inseparavelmente unida ao corpo em sua totalidade, deveríamos concluir que uma pessoa não está morta quando está morto apenas o seu cérebro, enquanto seu corpo continua vivendo. Em outros termos, ou você é dualista e pode então afirmar que, sendo a consciência o traço distintivo da pessoa, uma vez que aquela esteja irremediavelmente perdida, a pessoa está morta (mesmo que o seu corpo continue vivo), ou você é monista e então, como não se pode traçar uma nítida linha demarcatória entre corpo e cérebro, a pessoa está morta quando está morto igualmente seu corpo. Ao que parece, Singer desejaria ser simultaneamente dualista, pois, como o mostra seu exemplo hipotético do transplante de cérebro, ele julga que a identidade de uma pessoa depende exclusivamente desse órgão, e monista, pois declara que admite uma visão materialista que interpreta corpo e cérebro como dois aspectos de uma única realidade.

Para contornar o *impasse* em que se encontra, Singer deveria justamente aceitar a definição de morte cerebral como um critério seguro, científico, da morte. Admitindo, com efeito, que com a morte do cérebro se dissolve a organização do corpo humano em sua totalidade, então a morte cerebral poderia ser interpretada como a morte do organismo enquanto um todo. A passagem de um ser humano da vida para a morte aconteceria com a morte de seu cérebro, dado que a morte desse órgão constitui a condição necessária e suficiente para a morte do organismo inteiro.

84

No fundo é esse raciocínio que serve de base para a nova definição de morte cerebral, e ele – ainda que seja, como logo veremos, refutável – permitia considerar aquela definição nos termos factuais de uma definição científica. Sem dúvida, é incontestável que esta, desde o início, era motivada também por urgentes necessidades práticas (o que se deve fazer com pacientes em coma irreversível, cujo cérebro cessou completamente de funcionar? Será lícito transplantar seus órgãos?), mas é, por outro lado, igualmente incontestável que então se julgava que aquela definição – para falar de novo como Grisez e Boyle – poderia efetivamente se adequar aos fatos.

A então generalizada convicção, segundo a qual as funções corporais de indivíduos cerebralmente mortos poderiam ser apesar disso artificialmente mantidas por algum tempo, parecia sufragar a cientificidade da morte cerebral. Eis por que a ciência médica acreditou – erroneamente – que tinha conseguido fornecer com a morte cerebral um critério científico que permitiria identificar, com certeza, o momento em que a vida cessa. Ela apresentou esse critério não por julgar moralmente inaceitável manter vivos seres humanos com o cérebro morto, mas por considerar que seres humanos naquela condição estavam de fato mortos. Se a morte de todo o cérebro implica uma dissolução da organização do organismo humano inteiro, então se poderia também concluir que a morte do cérebro é a morte do corpo em sua totalidade e, por conseguinte, da pessoa. Mas Singer – como vimos – em toda sua conferência se mostrou vacilante quanto a esse ponto. E quando Mori, intervindo, o forçou a exprimir-se sobre esse ponto, Singer não fez, senão, confirmar outra vez sua oscilação:

> *Suponho que se possa defender de algum modo essa concepção [...]. Suponho que em certa medida se possa discutir a ideia do cérebro como "centro de unificação".*[84]

Das duas uma: ou essa concepção é defensável, e então a morte cerebral é um critério cientificamente seguro, ou não o é, e então esse critério não é defensável. Singer nos deixa diante dessa alternativa não resolvida. E se hoje nós também, à luz de seus escritos mais recentes, podemos já intuir, lendo estas páginas, em qual direção ele depois iria caminhar, deve-se admitir que no final da década de 1980, na época de sua conferência em Milão, sua posição quanto ao critério da morte cerebral não estava de modo algum delineada coerentemente.

4. Além do véu da ficção

O próprio Singer admite suas perplexidades iniciais quando, em seu livro de 1994, *Rethinking Life & Death (Repensando a morte e a vida)*, precisamente no que diz respeito ao critério da morte cerebral, não sem *pathos* escreve:

> *O dilema com o qual eu então me debatia era o reflexo de algo de maior importância que não ia. Mas, de que*

---

84 *Ibid.*

> *se tratava? Era a ideia segundo a qual a morte de todo o cérebro seria o equivalente legal da morte* tout court *do ser humano, então amplamente aceitada em nível internacional.*[85]

Mas Singer – e estamos no começo da década de 1990, segundo a reconstrução de seu relato – começa a duvidar cada vez mais dessa ideia e as dúvidas se fazem sempre mais consistentes com o passar dos anos. Vale a pena seguir seu relato. Em mais de um aspecto é instrutivo:

> *As deliberações da Comissão da qual fazia parte me levaram a refletir mais intensamente sobre a morte cerebral. Comecei então a compreender o que é que não ia. A Comissão de Harvard sobre a morte cerebral se achava diante de dois sérios problemas. Muitos pacientes, em condições absolutamente desesperadoras, continuavam vivos graças aos aparelhos respiratórios, e ninguém ousava desligar as máquinas que os mantinham em vida. Órgãos que poderiam ter sido usados para salvar vidas humanas ficavam inutilizáveis, enquanto, para extraí-los, se estava esperando que tivesse parado a circulação do sangue nos potenciais doadores. A Comissão julgara resolver ambos esses problemas adotando o arrojado expediente de classificar como mortos todos os indivíduos cujo cérebro houvesse cessado de ter qualquer atividade perceptível. Essa redefinição da morte tinha consequências tão claramente desejáveis que encontrou pouquíssimas oposições e teve aceitação quase universal. Todavia, estava viciada desde o princípio. A prática de resolver os problemas recorrendo a redefinições raramente funciona, e esse caso não era exceção à regra.*[86]

---

85 SINGER, P. *Ripensare la Vita. La Vecchia Morale non Serve Più*, cit., p. 65.
86 *Ibid.*

Em suma, depois de dúvidas, incertezas e perplexidades que duraram anos, Singer chega a uma conclusão a que Hans Jonas chegara vinte anos antes dele: o critério da morte cerebral é um falso dado científico. Tentando resolver problemas práticos, os médicos de Harvard excogitaram "um arrojado expediente", isto é, definir como mortos seres humanos que na realidade não o estão de fato. Por conseguinte, a morte cerebral não passa de uma "ficção". Sem dúvida, ainda ficam de pé notáveis divergências com Jonas quanto ao "que fazer?", justamente a propósito dos transplantes, mas sobre o fato de que a morte cerebral não é a morte do organismo humano e, em todo o caso, se deve ter claramente em conta que se trata de duas questões diferentes – "quando está morto um ser humano?" e "quando é lícito suspender o tratamento artificial e/ou intervir sobre seu corpo?" – Singer segue na mesma direção. Mas voltaremos a esse ponto em breve. Eu gostaria, porém, de logo me deter no exame das reações que suscitaram a tomada de posição crítica de Singer sobre a definição de morte na Itália.

A tradução italiana de *Rethinking Life & Death* propiciou a ocasião para um debate,[87] mas justamente o ponto fundamental do livro que, vendo bem, não se refere à vida, mas à morte (é surpreendente que no título italiano se tenha omitido a referência à morte), não foi adequadamente abordado. Do lado católico, Lino Ciccone

---

87 O debate foi acolhido pela revista *Bioética* (1) 1997, pp. 63-92, com intervenções de Lino Ciccone, Francesco D'Agostino, Eugenio Localdano e Carlo Augusto Viano. Algumas das citações a seguir são tiradas dessas contribuições. Muitas vezes, porém, limitei-me a resumir – espero, fielmente – as posições dos autores citados.

não poupa críticas a Singer, mas quando se chega ao núcleo duro da questão, o leitor não pode senão ficar decepcionado diante desta afirmação: "devo omitir, por motivos de espaço, outros pontos relevantes, inclusive o referente à morte cerebral com a problemática anexa".[88] Talvez eu tenha um pouco de má vontade, mas uma vez que o artigo se estende por uma dúzia de páginas, tive a impressão que as razões fossem outras. Se, com efeito, Singer estivesse com a razão em sua crítica de definição da morte cerebral, então poder-se-ia (embora não necessariamente) concluir que com a retirada dos órgãos se está matando o doador e, nesse caso, para um católico que sustenta a sacralidade da vida, deveria ser, sobremodo, difícil continuar a apoiar a licitude dos transplantes.

Segundo D'Agostino, acontece o contrário; e Singer quer apenas escandalizar todo o mundo, e isso se veria muito bem justamente pelas críticas que levanta contra a noção de morte cerebral acolhida quase unanimemente tanto nos círculos católicos quanto nos leigos. Mas é verdade também que na época do niilismo tampouco Singer consegue escapar dele. Mas, com esse gênero de argumentação "continental", será muito difícil confrontar-se com ele. Seria algo semelhante a censurar um autor que não liga a mínima para Heiddeger porque não considerou adequadamente a "humanitas como ek-sistência com base em sua pertença ao Ser".[89]

---

88 *Ibid.*, p. 70.
89 HEIDDEGER, M. *Brief über den "Humanismus"* (1947), *Lettera sull 'umanesimo'*, por F. Volpi (Ed.). Milano 1995, p. 94.

Também nas intervenções da parte leiga não me parece que tenha havido, ao menos sobre esse ponto, um adequado confronto com Singer. Se da parte católica, porém, ainda se verifica uma perfeita homogeneidade de opiniões, do outro lado creio que se pode registrar uma significativa discrepância. Com a atitude intelectual, que é sua marca registrada, arrasando os autores que lhe são antipáticos (um dia Jonas, outro Hegel: o importante é que sejam de origem germânica) e divinizando aqueles que lhe despertam simpatia. Viano apresenta-nos uma apologia de Singer que, no entanto, permanece tão superficial como a crítica dos seus detratores. *Rethinking Life & Death* é, entre outras coisas, comparada a *Life's Dominion* de Ronald Dworkin: não compreendemos a analogia, dado que todo o discurso de Singer se apresenta como uma radical contestação do princípio da "sacralidade da vida",[90] enquanto Dworkin aspira a apresentar uma versão secularizada desse princípio. Seja como for, Viano tampouco diz uma só palavra sobre as razões que levaram Singer a posicionar-se de modo extremamente crítico no que tange à morte cerebral.

Tanto Viano enaltece Singer também por essa sua tomada de posição (e pelas consequências éticas que ele infere daí), quanto Lecaldano, ao contrário, precisamente a esse respeito confessa a sua perplexidade:

> *A parte do livro de Singer sobre a definição de morte é a mais complexa e, a meu ver, deixa em dúvida – partindo*

---

90 Esse ponto é frisado por Singer também em um artigo que remonta ao mesmo período. (SINGER, P. L'etica della sacralità della vita è una malatia terminale? Em: *La Vita Come si Dovrebbe*, cit., pp. 190-204).

> *de uma geral posição empirista – não quer perder de vista as razões científicas que dão corpo à previsão que a pessoa da qual se certifica a completa cessação das atividades cerebrais está destinada, caso suas outras funções não sejam mantidas, a um rápido fim como organismo dotado de vida autônoma.*[91]

Divergindo de Viano, Lecaldano está perfeitamente cônscio do fato de que, se alguém envereda na direção seguida por Singer, vai pisar em terreno minado. Por esse motivo, ele não hesita em se afastar, mas com motivações que, no fundo, simplesmente se limitam a propor de novo contra Singer as tradicionais razões ligadas à definição dos médicos de Harvard. Segundo esta, com a morte de todo o encéfalo, cessaria a vida do organismo em sua totalidade.

Considerando bem, todavia, é justamente isso que Singer contesta, e o mais surpreendente é que nenhum dos seus interlocutores italianos se tenha perguntado por que é que ele, no decorrer da década de 1990, foi amadurecendo uma posição que rejeita 'o critério da morte cerebral.

Eles se deixaram enganar pelo estilo narrativo empregado por Singer em *Rethinking Life & Death* – tão fascinante quanto aparentemente pouco científico – ao passo que se fazia necessário ler nas entrelinhas, procurando cuidadosamente entre as poucas notas as fontes em que o autor alimentava sua crítica diante de uma definição de morte (a morte cerebral) que fora até então

---

91 LECALDANO. E. Em: *Bioética* 1 (1997), p. 86.

acolhida com raras exceções. No entanto, três nomes de médicos e cientistas norte-americanos já se encontram nesse livro: Robert D. Truog, James C. Fackler e Alan Shewmon. D'Agostino e Viano, que não se aborreçam comigo, mas em vez de estabelecerem um confronto com Nietzsche ou Locke, era necessário antes de tudo encarar seriamente a Singer, começar a considerar os escritos desses autores norte-americanos que, embora com opções de fundo diferentes, questionam de forma radical os critérios neurológicos de morte tomando por base dados científicos que, em minha opinião, não foram ainda refutados pela literatura científica subsequente. Confirmando essa minha tese, eu gostaria de chamar a atenção para um artigo posterior de Singer, que julgo de grande interesse para compreender o ponto a que vai chegar sua reflexão.[92]

De um ponto de vista utilitarista, com efeito, pode-se facilmente solucionar o problema de seres humanos cerebralmente mortos tomando por base a capacidade de sofrer. Se o *status* moral de uma pessoa tem por base exclusivamente o fato de poder experimentar prazer ou dor, então – admitindo que os mortos cerebrais tenham perdido essa capacidade – eles deixaram de ser sujeitos morais. Mas no último essa argumentação me parece menos decisiva do que no primeiro. Para verificar

92 SINGER, P. *Morte Cerebrale ed Etica della Sacralità della Vita*. Em: *Bioética* 1 (2000), pp. 31-49 (agora em *Questioni mortali. L'attuale dibattito sulla morte cerebrale e Il problema dei trapianti*, cit., pp. 99-121). Aqui ele explicita os novos conhecimentos empíricos concernentes à função do cérebro. Os novos dados o levaram a concluir que a definição de morte cerebral não merece plena confiança do ponto de vista científico.

92

a evolução do seu pensamento, talvez fosse necessário realizar um cotejo entre a primeira (1979) e a segunda (muito revisitada) edição de *Practical Ethics*.[93]

Sem dúvida, no tocante ao nosso tema, no artigo publicado em "Bioética" ele se afasta da posição de um ensaio de Jeff McMahan no qual, tomando por base uma radical metafísica dualista, se afirma que uma pessoa pode estar morta mesmo quando seu corpo ainda está vivo.[94] Singer, contudo, não apresenta uma adequada discussão das teses de McMahan, ou seja, não diz qual a razão pela qual não aceita a ideia – relevante para aquele que está pensando na retirada dos órgãos – segundo a qual "a coisa importante é a morte da pessoa, não a do organismo humano".[95] Se ele não compartilha essa conclusão, não seria talvez por julgar demasiadamente paradoxal a ideia de separar radicalmente a identidade pessoal do corpo em sua totalidade? Lê-se de fato na tradução italiana de *Rethinking Life & Death*: "a ideia segundo a qual uma pessoa está morta quando está morto o seu cérebro é, na melhor das hipóteses, um tanto estranha".[96]

Na década de 1980, apesar das dúvidas a que aludimos, Singer no fim das contas não havia chegado a

---

93 SINGER, P. *Practical Ethics*. Cambridge 1993, levando em conta igualmente alguns ensaios como P. Singer, H. Kuhse, More on Euthanasia: A Response to Pauer-Studer, em: *The Monist*, 76 (1993), pp. 158-174; SINGER, P. *Possible Preferences*, em: *Preferences*, por Chr. Fehlge, U. Wessels (Eds.), Berlin/Nova Iorque 1998, pp. 383-398.
94 SINGER, P. *Morte Cerebrale ed Etica della Sacralità della Vita*, cf. pp. 43-44, p. 47. O ensaio ao qual Singer se refere é: J. McMahan, *The Metaphysics of Brain Death*. Em: *Bioethics* IX (1995), pp. 91-126.
95 SINGER, P. *Morte Cerebrale ed Etica della Sacralità della Vita*, cit., p. 47.
96 *Ripensare la vita. La Vecchia Morale non Serve più*, cit., p. 37.

posições muito diferentes: não lhe parecia tão estranho assim que uma pessoa estivesse morta, ainda que seu corpo continuasse vivendo. O que é que levou Singer a corrigir a pontaria? Como pesquisador honesto que é, ao invés de minimizar a importância das novas pesquisas médico-científicas que, no decurso da década de 1990, punham seriamente em dúvida a validade da definição de morte cerebral,[97] tomou conhecimento delas e tirou uma conclusão que, sem talvez abalar completamente seu antigo modo de pensar, deixou muito desconcertados aqueles que acreditavam encontrar nele um válido apoio para uma definição de morte que, radicalizando os critérios da morte cerebral, chegasse a sustentar a cortical.

Com efeito, em seu último trabalho Singer claramente dá um passo atrás no que diz respeito a qualquer definição de morte baseada em critérios neurológicos e se aproxima daqueles – tanto no âmbito médico quanto no âmbito filosófico – que consideram atualmente necessário voltar a "uma concepção tradicional da morte"[98] que exclua todo critério baseado exclusivamente no cérebro. Essa conclusão teórica não influi, todavia, de modo algum em sua atitude prática porque Singer, não obstante o seu explícito distanciamento dos critérios neurológicos de morte, chega aos mesmos resultados práticos daqueles que hoje sustentam uma definição de morte em termos de irreversível perda da consciência. Mas ele faz isso percorrendo um caminho diverso: ao invés de aplicar a definição

---

97 Sobre esse ponto, cf. o capítulo seguinte.
98 SINGER, P. *Morte Cerebrale ed Etica della Sacralità della Vita*, cit., p. 47.

94

de mortas a pessoas cujo cérebro está irreversivelmente lesionado, ele se pergunta como é que elas devem ser tratadas quando estão nessa condição. Desse modo Singer supera todo o debate médico e científico sobre a morte cerebral, para transformá-lo em sentido ético-filosófico. Essa abordagem alternativa[99] merece ser acompanhada, mesmo que não se queiram aceitar as conclusões de Singer. Pode-se, com efeito, estar de acordo com o fato de que embora os pacientes cujo cérebro cessou de funcionar não estão efetivamente já mortos, não há obrigação de mantê-los em vida nessa condição. Será lícito, portanto, suspender o tratamento de respiração assistida. Singer, no entanto, dá um passo muito adiante afirmando que, não obstante, eles estejam vivos, retirar deles os órgãos, e não só no caso de ter sido atestada a morte cerebral, mas também no caso dos anencéfalos e dos pacientes que se acham em estado vegetativo persistente. Como julgamos contraintuitiva a ideia de sepultar um paciente que se acha em estado vegetativo, da mesma forma, e com maior razão ainda, deveríamos julgar contraintuitiva a ideia de efetuar a retirada dos órgãos de um paciente cujo coração não só está batendo espontaneamente, mas até se acha (ainda) em condições de respirar sozinho.

Por conseguinte, embora ainda existam muitas razões para não se ficar satisfeito com as propostas éticas de

---

99 Singer, gostaria de frisá-lo, não teve o mérito de descobrir essa abordagem – ela já se encontra esboçada na primeira crítica de Hans Jonas –; mas de propô-la de novo numa época em que simplesmente se procurava (e ainda se procura) passar daquela que agora se mostrou como uma ficção (a morte cerebral) para uma ficção ainda maior (a morte cortical).

Singer, no fim das contas é de uma nova ética que estamos necessitando, e não de uma nova definição da morte.

5. Além de Jonas, além de Singer

Vamos agora tirar algumas conclusões, partindo dos dois autores nos quais nos detivemos até aqui: Hans Jonas e Peter Singer. Os dois reconhecem que a morte cerebral é uma ficção que se deve abandonar, mas optam por soluções éticas diametralmente opostas no tocante ao problema da retirada dos órgãos. Para Jonas essa retirada é inaceitável (quer por razões de ética profissional, quer por razões de ética geral), uma vez que nesse caso seria justamente a retirada de órgãos que mataria o paciente. Para Singer, ao contrário, rejeitar o critério da morte cerebral como critério de morte significa ter de apostar entre os que sustentam a tese da sacralidade da vida e aqueles que, como ele mesmo, pretendem rejeitá-la. Para Singer, numa palavra, o médico está autorizado a matar pacientes (porque afinal existem condições na vida em que matar é eticamente sustentável), para Jonas, pelo contrário, isso é inadmissível.

Mas estamos verdadeiramente certos de que ambos colocam o problema de modo correto? Pode-se considerar a retirada de órgãos de um paciente em estado de morte cerebral com o mesmo critério que se usa para um homicídio (e, na melhor das hipóteses, um homicídio com o consentimento do paciente)? No fundo, foi também para evitar o obstáculo da eutanásia que a noção de morte cerebral obteve um amplo sucesso. Mas, eu me pergunto, será necessário justamente dar razão a Singer e a Jonas quando sustentam, o primeiro para afirmar que se pode fazer, o segundo para negá-lo, que a retirada dos órgãos de um morto cerebral equivale a cometer uma eutanásia?

É óbvio que é necessário compreender bem o sentido das palavras. A simples interrupção do tratamento que conserva o paciente vivo, isto é, a suspensão da respiração assistida, também poderia ser como tal considerada eutanásia: com efeito, esse ato encerra um processo que poderia ainda prolongar-se até o coração cessar de bater. Hoje, porém, considera-se absolutamente lícito suspender o tratamento também antes que ocorra a parada cardiorrespiratória (e, de resto, já na época de sua primeira intervenção Jonas era favorável a essa atitude). Julgamos que isso seja lícito pelo juízo moral que proferimos sobre a condição extrema de uma vida que está chegando ao fim e de uma morte que está chegando, e consideraríamos uma forma de obstinação terapêutica, que fere a dignidade humana, o ato de procrastinar a morte em pacientes nessa condição. Mas, se admitimos isso, não se compreende por qual razão não se pode também admitir a retirada dos órgãos já nessa condição.

Portanto, se não se mata o paciente em estado de morte cerebral já quando se interrompe o tratamento de apoio vital, antes que seu coração tenha parado de bater, não vejo por que se deveria dizer que o matamos, quando se intenciona prolongá-lo ainda por um breve tempo para que tenha bom êxito a retirada de seus órgãos.

O caso clássico da eutanásia (e talvez conviesse utilizar esse vocábulo só nesse caso) é o de um doente terminal consciente, que pede ao médico para lhe pôr termo à vida com uma injeção letal. Mas essa situação não é de modo algum comparável ao ato do médico quando realiza a retirada dos órgãos de um morto cerebral. Ele não está matando uma pessoa que, apesar de mil sofrimentos, continuaria vivendo, mas somente pondo fim a um processo que, depois de ter sido atestada a morte cerebral, em todo o caso seria lícito interromper, suspendendo a terapia intensiva.

A única diferença no que tange à suspensão do tratamento está no fato de que aqui ele se mantém por um pouco mais de tempo, visando efetuar em perfeitas condições a retirada. Na eutanásia se abrevia a vida, mas nesse caso ela é ainda prolongada pelo tempo necessário para garantir o bom êxito do subsequente transplante. E não se vê por que se deveria considerar ilícito do ponto de vista ético (nem muito menos jurídico) esse prolongamento.

Se a pessoa interessada foi no devido tempo informada quanto ao fato de que a retirada, mesmo não lhe causando nenhum dano, ocorrerá em um momento em que já se iniciou, mas ainda não terminou o processo do morrer, por que lhe deveríamos negar a possibilidade – se assim ela quiser – de doar seus órgãos? Aliás, o gesto da doação iria readquirir nesse caso um alto valor moral, o de sacrificar aquele pouco da própria vida que ainda lhe resta, no intuito de restituir aos outros uma existência muito mais plena e vital.

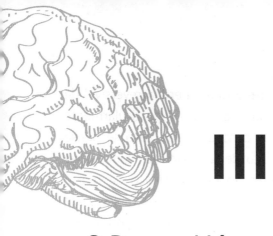

III

O Debate Médico-Científico Em Torno Da Morte Cerebral

1. Observação preliminar

Os critérios neurológicos para se ter certeza do óbito de um paciente entraram no uso da prática médica ocidental há cerca de uns quarenta anos, e o consenso de que gozam ainda se configura, aparentemente, muito sólido. Todavia, de mais de uma década para cá vem ocorrendo um notável repensamento na comunidade científica internacional. Mas na Itália ainda vigora (ao menos nesse ponto) um acordo tácito entre leigos e católicos que, tentando incrementar o máximo possível a doação de órgãos, impede um debate sério sobre as condições em que se efetuam as extrações.

Neste capítulo ilustrarei os principais resultados de pesquisas e observações clínicas que, em sentido contrário às vozes mais ouvidas, demonstram que os pacientes, que respondem aos atuais critérios clínicos da morte cerebral, não necessariamente apresentam a perda irreversível de todas as funções cerebrais. Esse fato é particularmente significativo e prenhe de consequências, caso se pense que, para declarar o óbito de um paciente com lesões cerebrais correspondentes ao quadro clínico da morte cerebral total. A legislação italiana, por exemplo, exige explicitamente a cessação irreversível de *todas* as funções cerebrais. Também levarei em consideração uma crítica – que reputo resolutiva – à tese que afirma que a morte cerebral total representa, no entanto, um indicador aproximativo da morte do organismo.

2. Morte cerebral – perda irreversível de todas as funções cerebrais?
As teses de Robert Truog e James Fackler

Rethinking Brain Death (*Repensando a morte cerebral*) é o expressivo título de um artigo publicado em 1992 por dois médicos, Robert Truog e James Fackler, em uma conceituada revista médica.[100] Tomando por base pesquisas documentadas, os dois autores demonstram o seguinte: pacientes que respondem aos atuais critérios clínicos, empregados para atestar a morte cerebral, não necessariamente apresentam a perda irreversível de *todas* as funções cerebrais.

Em apoio à tese que sustentam, os dois médicos aduzem quatro argumentos que eu gostaria de resumir aqui.

---

100 O texto a que me refiro aqui é o seguinte: TRUOG, R.D.; Fackler, J.C. Rethinking Brain Death. Em: *Critical Care Medicine*, XX, 12 (1992), pp. 1705-1713.

Em primeiro lugar, em muitos pacientes julgados em estado de morte cerebral ainda está presente a função endócrino-hipotalâmica, ou seja, persiste a atividade hormonal da glândula hipófise e do centro nervoso (o hipotálamo) que a controla. Em segundo lugar, em muitos pacientes que se acham nesse estado é possível registrar, mediante um encefalograma, uma ainda que fraca atividade elétrica localizada em algumas áreas do córtex cerebral, fadada a se extinguir só depois de umas 24 ou 48 horas. Em terceiro lugar, alguns pacientes continuam sem sombra de dúvida reagindo aos estímulos externos, como demonstra, por exemplo, o aumento da frequência cardíaca e da pressão sanguínea após a incisão cirúrgica antes da retirada dos órgãos. Em quarto lugar, em muitos pacientes definidos cerebralmente mortos estão conservados os reflexos espinhais, que hoje não se levam mais em conta, mas não era assim na época em que fora formulada a nova definição de morte.[101] Baseando-se em uma atenta análise desses quatro elementos, Truog e Fackler chegaram a esta conclusão: os atuais meios clínicos, usados para certificar a cessação irreversível de *todas* as funções do encéfalo, na realidade não têm condições de fazê-lo, e significam, desse modo, uma incoerência entre definição de morte e critério para atestá-la.

Poder-se-ia pensar que se trata da opinião isolada de dois médicos contra a corrente, logo, desmentida pela

---

101   E, a meu ver, de maneira oportuna, dado que a medula espinhal e o tronco encefálico estão ligados uma ao outro e, portanto, não se pode com segurança sempre excluir um coenvolvimento do tronco encefálico inferior na atividade da medula espinhal.

comunidade científica. Mas não é o caso: esse artigo, por um lado confirmava algumas orientações já presentes no passado[102] e, por outro, encontrou amplas confirmações na literatura científica subsequente. Mas, se Truog e Fackler têm razão, então se deveria concluir daí que, muitas vezes, quando se retiram os órgãos, o doador ainda está vivo. Tendo em vista que ainda não cessaram todas as funções do encéfalo, o paciente não deveria ser considerado falecido. Isso vale com maior razão para a Itália, onde a morte cerebral total é objeto de uma especial determinação normativa. Se a condição necessária para autorizar a retirada de órgãos de um cadáver[103] é dada pela parada irreversível de *todas* as funções do encéfalo, parece-me evidente que se tal condição não se verifica, tampouco a retirada de órgãos deveria ser considerada lícita. Voltemos, porém, aos nossos dois autores.

Como os atuais meios clínicos não têm capacidade para verificar com certeza a parada de todas as funções, mas apenas de algumas, e diagnosticam no máximo a morte cortical, Truog e Fackler chegaram a propor que se adotasse a noção de morte corticalem, substituição à de morte cerebral total. Essa proposta, sem dúvida discutível do ponto de vista ético e jurídico, é tomado de consequências, e Truog deve ter intuído as dificuldades

---

102 A esse propósito, recorde-se particularmente o trabalho de A. Mohandas, S.N° Chou. *Brain Death. A Clinical and Pathological Study*, cit.
103 Lei italiana de 29 de dezembro de 193, n° 578, Norme per l'accertamento e la certificazione della morte, em: *Gazzetta Ufficiale della Repubblica Italiana*, Roma CXXXV, n° 5 de sábado 8 de janeiro de 1994, pp. 4-5. Ver o art. I que reza: A morte se identifica com a parada irreversível de todas as funções do encéfalo.

práticas que acarretava. Em 1997, com efeito, volta a abordar o problema da atestação do óbito mediante critérios neurológicos e, mesmo admitindo a importância, na perspectiva filosófica, da hipótese da morte cortical como a morte da pessoa, reconhece igualmente que essa hipótese não poderá jamais ser adotada.[104] E isso por várias razões: na perspectiva médica, parece haver ainda uma margem de incerteza sobre a confiabilidade do diagnóstico do estado vegetativo permanente. Olhando em perspectiva social, "pensar em sepultar ou cremar um indivíduo que respira, ainda que em estado de inconsciência, seria inconcebível para muitas pessoas, criaria uma significativa barreira à aceitação dessa visão na política social.[105] Truog explica assim as razões da rejeição:

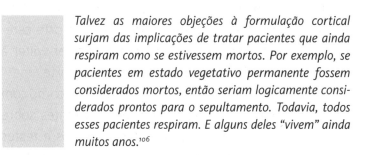

> Talvez as maiores objeções à formulação cortical surjam das implicações de tratar pacientes que ainda respiram como se estivessem mortos. Por exemplo, se pacientes em estado vegetativo permanente fossem considerados mortos, então seriam logicamente considerados prontos para o sepultamento. Todavia, todos esses pacientes respiram. E alguns deles "vivem" ainda muitos anos.[106]

---

104 TRUOG, R.D. Is It Time to Abandon Brain Death? Em: *Hastings Center Report*, XXVII, 1 (1997), pp. 29-37. O artigo está agora traduzido em italiano na antologia de escritos *Questioni mortali. L'attuale dibattito sulla morte cerebrale e il problema dei trapianti*, cit., pp. 205-229
105 TRUOG, R.D. *È venuto il momento di abbandonare la morte cerebrale?*, cit., p. 219.
106 *Ibid.*, p. 218.

Truog sugere como solução a hipótese de "aplicar uma 'injeção letal' antes do sepultamento ou da cremação, para encerrar as funções cardíacas e respiratórias", por motivo "puramente estético" e como "extensão dos nossos atuais protocolos, segundo os quais as funções vitais dos pacientes diagnosticados como cerebralmente mortos terminaram antes do sepultamento, ou fechando a ventilação mecânica ou removendo os corações e/ou pulmões deles durante a extração dos órgãos". Mas o médico norte-americano conclui:

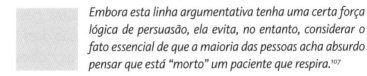
> *Embora esta linha argumentativa tenha uma certa força lógica de persuasão, ela evita, no entanto, considerar o fato essencial de que a maioria das pessoas acha absurdo pensar que está "morto" um paciente que respira.*[107]

Então, se por um lado a solução da morte cortical não é praticável e, por outro, a solução da morte cerebral incoerente, não resta alternativa a não ser voltar à tradicional abordagem da determinação da morte.[108]

A volta ao "padrão cardiorrespiratório", de acordo com Truog, eliminaria todas as dificuldades existentes sobre a coerência entre definição de morte, critérios e testes para certificá-la e, ao mesmo tempo, teria a indubitável vantagem de representar "um denominador comum" na definição da morte que virtualmente todos os grupos culturais e as tradições religiosas achariam aceitável.[109]

---

107   *Ibid.*, p. 219.
108   *Ibid.*, p. 220.
109   *Ibid.*, p. 227.

Numa palavra, aquilo que no fim Truog propõe explicitamente é "abandonar totalmente o conceito de morte cerebral".

Isso, veja bem, não é um mero retorno ao passado, mas uma tentativa de separar o problema da doação dos órgãos do problema da determinação de morte. O objetivo das mais recentes pesquisas de Truog é, de fato, encontrar outra justificação ética para a doação dos órgãos, centrada nos princípios de não maleficência [*non malificence*] e do consenso.[110]

3. Morte cerebral – morte do organismo? As teses de Alan Shewmon

O segu ido aspecto, relativo à morte cerebral como indicador da morte iminente do organismo, foi examinado, sobretudo, por Alan Shewmon, conceituado neurologista norte-americano que, entre outras coisas, no decurso de sua carreira modificou as próprias convicções. Ele passou de convicto adepto da tese da morte cerebral total a um dos seus mais implacáveis críticos. Como no caso dos dois autores precedentes, também para Shewmon o ponto de partida é dado pela observação clínica. Como já se disse, um forte apoio à nova definição da morte nascia do fato

---

110 Veja, a esse respeito, TRUOG, R.D. Organ Transplantation without Brain Death, em: *Annals of the New York Academy of Science*, 913 (2000), pp. 229-239; TRUOG, R.D. ROBINSON, W.M. Role of Brain Death and the Dead-Donor Role in the Ethics of Organ Transplantation, em: *Critical Care Medicine*, XXXI, 9 (2003), pp. 2391-2396.

de se sustentar que pacientes declarados cerebralmente mortos não cessavam nunca de desenvolver assistolia em um breve lapso de tempo. Tese de *per si* muito discutível, pois afirmar que depois da morte cerebral a parada cardíaca está invariavelmente iminente significa dizer que o paciente está para morrer, não que já esteja morto. Essa tese, no entanto, foi desmentida pelos fatos. Shewmon se detém em um caso emblemático, que eu quero aqui relatar na íntegra.

> *Deixem que lhes ilustre o caso de TK, que bateu o recorde de sobrevivência. Aos 4 anos de idade, TK contraiu meningite, causando-lhe um aumento da pressão intracraniana a tal ponto que os ossos do crânio da criança se dividiram. Exames múltiplos das ondas cerebrais deram resultados negativos e nos seguintes 14 anos e meio não se observaram nem respiração espontânea nem reflexos do tronco cerebral. Os médicos sugeriram que se interrompesse o apoio vital, mas a mãe não o admitiu de modo algum. O transcurso inicial foi muito variável, mas afinal a criança foi transferida para casa, onde permanece ligada a um aparelho respiratório, assimila a comida que lhe chega ao estômago por uma sonda, urina espontaneamente, e exige pouco mais que a assistência de uma enfermeira. Em estado de "morte cerebral" cresceu, foi vencendo infecções e suas feridas cicatrizaram. A mãe de TK me deu permissão para examinar o garoto e documentar tudo fotograficamente. Cheguei à convicção de que ele não tinha nenhuma função do tronco cerebral. A pele de seu rosto e da parte superior do torso, porém, se manchou quando belisquei várias partes do seu corpo, aumentaram a frequência cardíaca e a pressão sanguínea. Essa resposta aos*

estímulos, mediada pela medula espinhal, não podia ter sido provocada no nível do rosto, cujos impulsos sensoriais são elaborados no tronco cerebral, ausente no garoto. Para ulterior confirmação do diagnóstico, os potenciais evocados não mostraram respostas corticais ou do tronco, um angiograma com ressonância magnética não mostrou fluxo sanguíneo intracraniano, uma ressonância magnética revelou que todo o cérebro, inclusive o tronco, tinha sido substituído por uma sombra de tecidos e por fluidos proteicos desorganizados. TK tem muito a ensinar sobre a necessidade do cérebro para a unidade integradora e somática. Sem dúvida, ele entrou em um estado de "morte cerebral" na idade de quatro anos. Mas está fora de dúvida também que ele ainda está vivo aos dezoito anos e meio.[111]

Não se trata, aliás, de um caso isolado. Na literatura científica de modo algum são esporádicos os casos de sobrevivência de algumas semanas e muitos deles se referem a crianças ou mulheres grávidas em que o apoio artificial se mantém por insistência dos genitores ou para salvar o feto.[112] Disso conclui Shewmon que não tem, então, fundamento a ideia de que a morte do cérebro seja um indicador da morte iminente do organismo.

---

111 O caso é objeto de amplo debate também num ensaio de Shewmon, publicado em italiano com o título: Morte do tronco cerebral, morte cerebral e morte: reexame crítico da sua presumida equivalência, em: *Questioni Mortali*, cit., pp. 177-203 (p. 192). Mais recentemente, Shewmon citou TK como o recorde de sobrevivência em condições de morte cerebral – mais de vinte anos – na intervenção publicada em *Finis Vitae* (cf. *infra*, nota 17).
112 Encontram-se detalhes clínicos e bibliografia em D.A. Shewmon, Chronic brain death: meta-analysis and conceptual consequences, em: *Neurology*, 51 (1998), pp. 1538-1545.

108

Contestando abertamente o que Pallis afirmara na segunda edição do seu volume,[113] observa Shewmon que, pelo menos hoje, não se pode mais continuar sustentando que, com a morte do tronco encefálico, a assistolia se desenvolve em um tempo relativamente curto.[114] Para o neurologista norte-americano, a sobrevivência dos pacientes declarados cerebralmente mortos implica em que o encéfalo não exerce um papel tão essencial, como ao contrário se julgava, para o funcionamento integrado do organismo. Shewmon não só contesta a ideia segundo a qual em um paciente em coma apneico se verifica em pouco tempo a assistolia e, além disso, que a destruição do tronco encefálico de *per si* comporta necessariamente a perda da capacidade de consciência e de capacidade respiratória.

Com relação ao primeiro problema ele usa uma analogia: a destruição de uma ligação elétrica não significa a perda da capacidade de iluminar de uma lâmpada. Acontece apenas que a lâmpada já não está recebendo corrente. De modo semelhante, a destruição do tronco encefálico impede a manifestação de funções conscientes, enquanto o sistema reticular ativador ascendente contido no tronco não estimula mais os hemisférios cerebrais, mas isso não implica na perda da capacidade de consciência.

No tocante à segunda questão, Shewmon recorda que a destruição do tronco encefálico envolve a perda

---

113 *Supra*, pp. 29-31.
114 SHEWMON, D.A. Recovery from Brain Death. A Neurologist's Apology, em: *Linacre Quarterly*, 64 (1997), pp. 30-96. Quanto à explicação, veja p. 51s.

da espontaneidade do ato respiratório, mas a capacidade respiratória, entendida como a capacidade de efetuar trocas gasosas no nível dos tecidos e órgãos, continua intacta no paciente, que se acha ligado ao ventilador artificial desempenhando a função de oxigenar mecanicamente o sangue.

O que desse modo é radicalmente questionado por Shewmon é a tese segundo a qual o encéfalo é o órgão responsável pela integração das partes do corpo que fazem do organismo um todo organizado e em funcionamento. Sobre essa tese é que se construiu a justificativa da morte cerebral. De acordo com essa, a cessação das funções do encéfalo determinaria a desintegração do organismo que, abandonado a si mesmo, passaria a ser um mero aglomerado de órgãos. Contra essa teoria Shewmon lança a própria tese: o "sistema crítico" do corpo não é localizável em um único órgão isolado, mesmo importante como o encéfalo.

Longe de constituir um "integrador central", o encéfalo serve como um modulador, regulador de precisão, otimizador, estimulador, protetor de uma unidade somática implicitamente *já existente, intrinsecamente mediada*. A unidade integradora não é uma imposição *de cima para baixo*, de um "integrador central" para um aglomerado de órgãos de outro modo não integrado (Se o fosse, também o corpo saudável estaria privado de uma *verdadeira* unidade, mas consistiria principalmente de um encéfalo acionado e mantido vivo por partes corporais microdirigidas de modo, por assim dizer, ditatorial). Ela é, ao contrário, uma *característica não localizada, holística*, tendo por fundamento a mútua interação de todas as partes do corpo.[115] Por conseguinte, a morte da pessoa é antes o resultado de lesões que afetam diversos sistemas de órgãos.

Segundo Shewmon, quando se alcança um limiar crítico, o "ponto de não retorno", que marca o começo do processo de morte e torna ineficaz qualquer intervenção médica visando evitar o *exitus*, isso indica que está ocorrendo a progressiva desintegração do corpo. Para efetuar a certificação de morte, não se deveria, então, diagnosticar somente a morte cerebral, mas seria obrigatório levar em conta mais parâmetros, como os relacionados com a atividade respiratória, circulatória e neurológica.[116]

Quando ficasse claro que foi ultrapassado um ponto de não retorno, o paciente seria desconectado dos aparelhos para a respiração artificial e, depois de vinte minutos de espera, lapso de tempo que Shewmon julga necessário para obter a certeza da impossibilidade de uma recuperação espontânea das funções vitais do paciente, seria declarado morto.

De tudo isso se depreende que, hoje, as extrações de órgãos ocorrem de fato em doadores que sofreram lesões cerebrais irreversíveis e irrecuperáveis, em consequência

---

115 SHEWMON, D. A. Morte del tronco cerebrale, morte cerebrale e morte: un riesame critico della loro presunta equivalenza, em: *Questioni Mortali*, cit., p. 197

116 SHEWMON, D. A. The Brain and Somatic Integration: Insights into the Standard Biological Rationale for Equating Brain Death with Death, em: *Journal of Medicine and Philosophy*, XXVI, 5 (2001), pp. 457-478 e mais recente: Brain-Body Disconnection: Implications of the Theoretical Basis of Brain Death, em: *Finis Vitae. Is Brain Death still Life?*, cit., pp. 211-250 (tr. it., em: *Finis Vitae. La Morte Cerebrale è Ancora Vita?*, cit., pp. 277-331).

das quais estão morrendo, mas não estão ainda mortos, e a retirada põe definitivamente um fim à existência deles. Shewmon, no entanto, não encara de forma adequada o problema relativo à eventual procura de novos procedimentos de retirada de órgãos para substituir aquela atualmente usada. Não está claro se o neurologista considera possível retirar os órgãos após vinte minutos de parada cardiocirculatória subsequente à suspensão da respiração artificial, ou se ele pensa em justificar do ponto de vista moral a retirada dos órgãos do paciente em condições de morte cerebral, mesmo sabendo que este ainda não está morto. Se não se desse essa segunda hipótese, seria necessário encarar uma nova série de questões: quais serão as condições dos órgãos privados por vinte minutos de circulação sanguínea e oxigenação? Que chances de sucesso poderá ter um transplante realizado com esses órgãos? Uma intervenção onerosa – para o paciente, do ponto de vista psicológico e físico; para o sistema de saúde, do ponto de vista organizacional e econômico – poderia ter ainda algum sentido se a sua eficácia fosse aleatória, abaixo dos padrões médicos que habitualmente inspiram a decisão de intervir? Seria admissível o risco de expor o paciente a maiores probabilidades de necrose ou de rejeição do órgão?

Não pretendo aqui responder a essas perguntas.[117] O que procurei mostrar é que leis, como a italiana, que

---

117   A esse respeito se encontram alusões na *Introdução* de R. Barcaro e P. Becchi ao já citado volume *Questioni Mortali: L'Attuale Dibattito sulla Morte Cerebrale e il Problema dei Trapianti*, cit., pp. 7-43, e em BECCHI, P. *Von der Organallokation als ethisches Problem zur Organallokation als juristisches Problem*, em: *Organallokation: Ethische und rechtliche Fragen*, por BECCHI, P.; BONDOLFI, A.; KOSTKA, U.; SEELMANN, K. (Eds.), Basel 2004, pp. 141-150.

autorizam a retirada dos órgãos na base da nova definição da morte, estão hoje privadas daquele fundamento científico sobre o qual, inicialmente, podiam, porém, sustentar-se: uma pessoa cerebralmente morta, com efeito, não é (ainda) um cadáver. Alguns pacientes em estado de morte cerebral não só ainda apresentam algumas funções cerebrais, mas em outros pacientes, embora sem funções cerebrais, o organismo manifesta uma vitalidade de tal modo surpreendente que dificulta muito sustentar que já esteja morto.[118]

Até quando a medicina – e particularmente a medicina legal – poderá continuar escondendo da opinião pública essa verdade?

---

118 Sobre esse ponto, veja também BARCARO, R. Il dogma che non c'è, em: *Liberal*, 40 (2007), pp. 104-113.

IV

AS AMBIGUIDADES DO DISCURSO RELIGIOSO

1. Observação preliminar

N a Itália, quando se fala sobre a doação de órgãos, em geral se alude à posição da Igreja Católica. E quando se leem os manuais de bioética de matriz católica mais conceituados, pode-se logo notar como essas vozes investidas de autoridade encorajam os fiéis, em nome do amor cristão, a doarem seus órgãos, mas os deixam, por outro lado, totalmente desinformados sobre a condição da morte cerebral. Penso nos manuais do Cardeal Dionigi Tettamanzi e de Dom Elio Sgreccia. Para Dionigi Tettamanzi, a morte se identifica com o *coma dépassé* (coma irreversível) "em que não há mais esperança de recuperação da vida consciente e de relação (embora continuem as funções orgânicas, como a respiração e o batimento cardíaco)".[119] Definição de morte, em si, muito ousada embora, em seguida, a partir do contexto se compreenda que Tettamanzi se limita a apropriar-se da definição de morte cerebral total, repetindo Elio Sgreccia. Quanto a este, embora tenha conhecimento das vozes discordantes em torno dessa definição, continua sustentando que uma pessoa na qual foi constatada a cessação total da atividade do encéfalo, está clinicamente morta, mesmo que "a introdução das técnicas reanimadoras permita a continuação da função respiratória e circulatória por algum tempo".[120]

Encontram-se focos de resistência a esse modo de pensar, sobretudo em associações de inspiração "tradicionalista" como *Famiglia Domani* e *Fiducia*, ou de orientação "antimodernista" como o Centro de Estudos São Pio X relacionado com o quinzenal "sì sì no no" ou, ainda, em associações católicas como *Famiglia e Civiltà*.[121] Trata-se, portanto, de posições certamente minoritárias,

---

119 TETTAMANZI, D. *Nuova Bioética Cristiana*. Casale Monferrato (AI) 2000, 1a. ed., p. 496.

120 SGRECCIA, E. *Manuale di Bioética*, vol. I. Milano 2000, 3ª ed., p. 692.

121 O quinzenal católico "antimodernista" do Centro de Estudos São Pio X publicou uma contribuição minha sobre o tema: cf. BECCHI, P. *I morti cerebrali sono veramente morti quando preleviamo i loro organi?* Em: *Sì Sì No No*, XXX, junho de 2004, pp. 1-6 (com o mesmo título, o comunicado saiu também em língua espanhola e francesa). Na Itália, a crítica mais documentada, nos círculos católicos, à equiparação da morte cerebral com a morte de fato se acha no livro do Oblato Beneditino U. Tozzini, *Mors tua Vita mea. Espianto di Organi Umani: La Morte è un'Opinione?* Napoli 2000. Inspira-se nesse livro o artigo do Padre G. Rottoli, La predazione di organi e le ambiguità di Giovanni Paolo II, em: *La Tradizione Cattolica*, I (2000), pp. 34-41. O texto apareceu faz pouco tempo também em francês no pequeno volume KNITTEL, F.; ROTTOLI, G. Marie-Dominique, *Que penser des dons d'organes? La mort cérébrale. Les prélèvements d'organes*, Avrillé 2005.

que podem parecer em estridente contraste com as posições oficiais, enquanto o debate fora da Itália, também no seio da Igreja, de fato já começou, como veremos na parte conclusiva.

2. Um célebre discurso de Pio XII

Se analisarmos alguns documentos (aliás, bastante escassos) do Magistério católico, a posição da Igreja se mostra, no entanto, muito mais problemática do que parece à primeira vista. É inevitável começar pelo célebre discurso sobre a reanimação, de Pio XII:

> *A razão natural e a moral cristã ensinam que o homem (e todo aquele que tem por ofício assistir o próximo) tem o direito e o dever, em caso de grave doença, de adotar os cuidados necessários para conservar a vida com saúde. Esse dever que ele tem para consigo mesmo, para com Deus e para com a sociedade humana e, na maioria das vezes, para com certas pessoas, deriva da bem ordenada caridade, da submissão ao Criador, da justiça social e também da estrita justiça, como da piedade para com a própria família. Mas isso apenas obriga, geralmente, ao emprego dos meios ordinários (segundo as circunstâncias de pessoas, de lugares, de tempo, de cultura), isto é, daqueles meios que não impõem um ônus extraordinário para si mesmos ou para outros.[122]*

---

122   Pio XII, Risposte ad alcuni importanti quesiti sulla "rianimazione", em: *Discorsi ai Médici*, Roma 1959, pp. 608-618: citação à p. 612. Cito a partir da tradução italiana referida em corpo menor ao pé da página do texto reproduzido em francês (O discurso em francês, do Sumo Pontífice, pronunciado em 24 de novembro de 1957, é publicado na primeira página do

116

Substancialmente, isso significa que, diante de uma situação na qual, baseando-se nos conhecimentos médicos, já não é mais possível qualquer recuperação do paciente para a vida consciente (ainda não se havia apresentado o problema do estado vegetativo persistente), o médico pode "desligar o aparelho respiratório para permitir que o paciente, já virtualmente falecido, morra em paz".[123] "Virtualmente falecido" quer dizer que realmente, de fato, o paciente não o está ainda, mas que o médico pode lhe desligar o aparelho respiratório por se tratar de um meio extraordinário. Não pretendo aqui me alongar acerca da distinção, amplamente debatida e criticada, entre meios ordinários e extraordinários (é, aliás, significativo que os meios ordinários não sejam definidos de uma vez por todas, mas dependam do lugar, do tempo e da cultura).[124] Gostaria, porém, de chamar a atenção para outro aspecto que me parece ter passado totalmente despercebido. Entre as perguntas apresentadas ao Pontífice, a fundamental é sem dúvida a seguinte: quando o aparelho respiratório ainda está ligado, pode o paciente ser considerado já morto?

Trata-se de uma pergunta crucial porque, posteriormente, a Igreja Católica legitimou os transplantes tomando por base o pressuposto de que viriam de cadáveres.

"L'Osservatore romano" de segunda-feira terça-feira 25/26 de novembro de 1957).

123   *Ibid.*, p. 611.

124   Por exemplo, BONDOLFI, A. *Malattia, Eutanasia, Morte Nella Discussione Contemporanea*, Bologna 1989; CATTORINI, P. *Bioética di Fine Vita*, Napoli 1993; BARCARO, R. *Dignità Della Morte, Accanimento Terapeutico ed Eutanasia*, Napoli 2001; *Alle Frontiere della Vita: Eutanasia ed Etica del Morire*, por M. Gensabella Fornari (Ed.), Soveria Mannelli 2002.

MORTE CEREBRAL E
TRANSPLANTE DE ÓRGÃOS | 117

Mas o Pontífice então, independentemente do tema do transplante, que naquela época ainda não estava em pauta, parece que era de bem outra opinião, dado que, respondendo ao quesito proposto, declara: "considerações de ordem geral permitem acreditar que a vida humana continua enquanto suas funções vitais – diversamente da simples vida dos órgãos – se manifestam espontaneamente ou graças ao auxílio de procedimentos artificiais".[125] Ao que parece, poder-se-ia então concluir que o paciente está *ainda vivo* (ou ao menos poderia estar vivo) quando, graças ao uso do aparelho respiratório, ainda se mantêm suas funções vitais.[126] Desligá-lo do aparelho não equivale, todavia, a matá-lo, visto que em assim fazendo se evita apenas a procrastinação.

Precisa o Pontífice:

> *Nesse caso não há nenhuma disposição direta da vida do paciente, nem tampouco eutanásia, que não seria nunca lícita, inclusive quando provoca a parada da circulação do sangue, a interrupção das tentativas de reanimação é só indiretamente causa da cessação da vida, e nesse caso é necessário aplicar o princípio do duplo efeito inútil da morte do paciente.*[127]

---

125 Pio XII, *Risposte ad Alcuni Importanti Quesiti Sulla "Rianimazione"*, cit., pp. 617-618.

126 Como confirmação dessa forma de interpretar pode-se recordar que o Pontífice, no que toca à validade de ministrar a Extrema Unção, afirma: "Se não se deu ainda a Extrema Unção, procure-se prolongar a respiração, para que se possa conferir o sacramento". Como os sacramentos só podem ser conferidos a seres humanos vivos, é claro que aquilo que é afirmado pelo Pontífice implicitamente significa que enquanto o aparelho respiratório estiver ligado, essa pessoa ainda está viva.

127 *Ibid.*, pp. 615-616.

Podemos a essa altura deixar de lado a discussão se, mesmo que não se disponha diretamente da vida, não houver também eutanásia (depende do conceito de eutanásia que desejemos adotar),[128] assim também não quero deter-me no exame da doutrina do duplo efeito[129] amplamente discutida como a precedente relativa à distinção entre meios ordinários e extraordinários). O ponto decisivo no discurso do Pontífice é outro: pacientes cujo cérebro tenha parado irreversivelmente de funcionar (ou, como se exprime Pio XII, pacientes que "mergulharam em uma profunda inconsciência"[130] estão ainda vivos, mas é possível interromper-lhes a respiração artificial, mesmo antes que se produza espontaneamente a parada definitiva da circulação, quando o médico tiver condições para excluir uma recuperação deles para a vida consciente.

O Pontífice tem perfeita consciência do fato de que, nesse caso, será justamente a subtração do aparelho respiratório que vai provocar em poucos minutos a parada circulatória e, portanto, a morte, mas julga que não está em contradição com os princípios da Igreja Católica, quando o médico tem certeza do prognóstico infausto de seu paciente. Mas em caso de dúvida? "No caso de

---

128 Preciosa, todavia, me parece a indicação do Pontífice com o intuito de distinguir o caso aqui objeto de discussão daquele clássico da eutanásia.
129 MAGLIETTA, G. *Teologia Morale Contemporanea: Il Principio del Duplice Effetto,* Roma 1997. Quanto à discussão desse princípio no que se refere às discussões bioéticas sobre a eutanásia, cf. por outro lado BARCARO, R. *Eutanasia: Un Problema Paradigmatico Della Bioética,* Milano 1998.
130 Pio XII, *Risposte ad Alcuni Importanti Quesiti Sulla "Rianimazione",* cit., p. 609.

dúvida insolúvel – afirma o Pontífice –, pode-se também recorrer às presunções de direito e de fato. De modo geral, será necessário deter-se diante daquela da permanência vital, visto tratar-se de um direito fundamental recebido do Criador, e cuja ausência deve-se provar com certeza".[131] Em caso de dúvida, portanto, deve-se propender para a vida presumida, pois *in dubio pro vita*.

A resposta do Pontífice parece clara, mas na realidade se presta a duas leituras muito diversas. A "dúvida insolúvel" se refere apenas àqueles casos em que o diagnóstico é incerto e não se pode excluir completamente o retorno à vida consciente, ou então se refere à pura e simples continuação da vida humana mesmo irreversivelmente inconsciente? Para que não se ponha em discussão o fundamental direito à vida, "deve-se provar com certeza" que cessou a vida humana consciente ou a vida humana como tal? Ora, parece-me evidente que todo o discurso do Pontífice está orientado para a primeira solução, embora uma saída fique aberta igualmente para a segunda posição quando, precisamente nas conclusões do seu discurso, após haver frisado que não se pode excluir que pacientes submetidos a respiração artificial, ainda que irreversivelmente inconscientes, continuem vivos, afirma: "Muitos desses casos formam o objeto de uma dúvida insolúvel e devem ser tratados segundo as presunções de direito e de fato sobre as quais falamos".[132] Aqui, a "dúvida insolúvel" evidentemente diz respeito aos indivíduos

---

131 *Ibid.*, p. 614.
132 *Ibid.*, p. 618.

que, ligados ao ventilador, embora estejam em coma irreversível, não podem com certeza ser considerados já mortos. E para eles também pareceria valer o princípio *in dubio pro vita* e, portanto, havendo dúvida, deve-se defender também essa vida. Tal conclusão se acha, todavia, em claro contraste com toda a precedente argumentação centrada não em torno da necessidade de provar com certeza o fim da vida humana antes de poder desligar o aparelho respiratório, e sim em torno da licitude de poder fazê-lo independentemente da presença dessa prova. Mesmo assim ainda se deixara aberta uma brecha e, quando alguns anos depois a atenção se deslocou do problema da licitude da interrupção da respiração artificial para o do transplante de órgãos, a pequena abertura se transformou em uma porta escancarada: os transplantes podiam ser agora considerados lícitos, mas apenas sob a condição de se provar com certeza que a retirada dos órgãos seria feita de cadáveres.

3. As ambiguidades de João Paulo II e o dissenso do cardeal Ratzinger

Como se sabe, a Pontifícia Academia das Ciências convocou, em dezembro de 1989, um grupo de trabalho já instituído em 1985,[133] para abordar justamente esse

---

133 Já em 1985 o Grupo de Trabalho instituído pela Pontifícia Academia das Ciências tinha chegado na realidade à aceitação da nova definição de morte, afirmando – com argumentação na verdade pouco plausível – "que a morte cerebral é o verdadeiro critério da morte, visto que a parada defi-

tema e, caso se leia o discurso que lhe foi dirigido pelo papa João Paulo II, pode-se logo perceber como o deslocamento da ênfase sobre o problema da licitude da interrupção da respiração artificial em todos os casos em que, a juízo do médico, era totalmente inútil mantê-la, para a questão da retirada dos órgãos modificou radicalmente a perspectiva adotada por Pio XII em seu célebre discurso. Decisivo não é mais o que é que podemos fazer com pacientes que, ligados ao aparelho respiratório, não podemos excluir que estejam ainda vivos, mas cujo destino está em todo o caso irremediavelmente selado, e sim estabelecer em qual exato momento ocorre a morte deles, de modo a poder autorizar *post mortem* a extração excluir de seus órgãos: "Em qual momento ocorre aquela que chamamos de morte? Eis o ponto crucial do problema".[134] Apenas se os pacientes são cadáveres, é lícito retirar-lhes os órgãos; mas o são já quando o aparelho respiratório está ligado? Segundo Pio XII, não podemos ter certeza de que já estão mortos, e quanto a João Paulo II? A resposta não é simples. Em seu discurso, este último insiste, sobretudo, no fato de que, em caso de dúvida, é necessário suspender os transplantes. Isso porque a vida deve ser defendida como tal desde o seu início até o final: "É necessário abandonar essa pista, aparentemente promissora, quando passar através da

---

nitiva das funções cardiorrespiratórias leva sem demora à morte cerebral". A Declaração adotada pelos cientistas e da qual se tirou a passagem citada é reproduzida no "L'Osservatore Romano" de 31 de outubro de 1985, p. 5.
134 Cito o texto do discurso do Pontífice publicado com o título: In quale momento avviene la morte? Em: *La Traccia*, X, 11 (1989), pp. 1349-1350.

destruição do homem ou da interrupção voluntária de sua existência terrena".[135] João Paulo II tem perfeitamente diante dos olhos o trágico dilema que hoje nos apresenta a possibilidade técnica dos transplantes de órgãos e o ilustra de maneira exemplar:

> *Por um lado, há urgente necessidade de encontrar órgãos substitutivos para enfermos que, na ausência desses, faleceriam ou ao menos não ficariam curados. Em outras palavras, é concebível que, para escapar a uma morte certa e iminente, um enfermo tenha de receber um órgão que lhe poderia ser fornecido por outro paciente, talvez o companheiro de internação hospitalar. Nessa situação surge, portanto, o perigo de pôr fim a uma vida humana, romper definitivamente a unidade psicossomática de uma pessoa. Mais exatamente, existe uma real probabilidade que a vida, cuja continuação se torna impossível com a retirada de um órgão vital, seja a de uma pessoa viva, enquanto o respeito que se deve à vida humana proíbe absolutamente sacrificá-la, direta e positivamente, mesmo que fosse para beneficiar outro ser humano que se julga com bons motivos que se deva privilegiar.[136]*

Como escapar ao dilema? De acordo com João Paulo II, não há outra saída senão "determinar, do modo mais exato possível, o momento preciso e o sinal irrecusável da morte. Uma vez adquirida essa determinação, o aparente conflito entre o dever de respeitar a vida de uma pessoa e o dever de curar ou mesmo de salvar a vida de

135 *Ibid.*.
136 *Ibid.*, p. 1350.

outrem desaparece".[137] O problema, todavia, é este: *se* é possível determinar esse ponto "do modo mais exato possível". Ao que parece, João Paulo II julgaria que sim. A morte "sobrevém quando o princípio espiritual, que preside à unidade do indivíduo, não pode mais exercer suas funções no organismo e sobre o organismo, cujos elementos, deixados a si mesmos, se dissociam".[138]

Note bem, o Pontífice não fala aqui, nem em todo o discurso, do encéfalo (e não por acaso, tendo em vista que esse princípio espiritual, no fundo, teologicamente não pode ser outro senão a alma), mas justamente os trabalhos da Pontifícia Academia das Ciências chegaram à conclusão que esse princípio espiritual, responsável pela integração das diversas partes do corpo, poderia ser localizado em um órgão, o encéfalo. Portanto, a nova definição de morte em termos neurológicos podia ser adotada.[139] Os pacientes ainda ligados ao aparelho respiratório, mas que não mostravam nenhum sinal de recuperação, já não eram pacientes cujo destino estivesse agora selado, mas cadáveres.

Assim, a Igreja Católica chegara a legitimar os transplantes, no fundo do mesmo modo em que o foram por muitas legislações oficiais, ou seja, tomando por base

---

137 *Ibid.*

138 *Ibid.*, p. 1349.

139 A única voz discordante da Pontifícia Academia das Ciências foi representada por Joseph Seifert, que já então se mostrava crítico diante da definição de morte cerebral. Os resultados dos trabalhos da Academia estão publicados no volume *Working Group on the Determination of Brain Death and its Relationship to Human Death*, por WHITE-H, R. J. Angstwurm--I. Carrasco de Paula (Eds.), Città del Vaticano, 1992.

o fato da morte da pessoa da qual se tinham retirado os órgãos.

Decerto, também se levantaram a seguir no seio da Igreja Católica vozes divergentes, mas a linha dali em diante estava traçada. Entre as vozes de dissenso, aquela certamente com maior autoridade é representada pelo Cardeal Joseph Ratzinger, ex-Prefeito da Congregação para a Doutrina da Fé e depois Sumo Pontífice com o nome de Bento XVI. Por ocasião dos trabalhos do Consistório extraordinário de 1991, dedicado ao tema "A Igreja diante das atuais ameaças contra a vida", o então cardeal Ratzinger, em sua intervenção, abordou também o tema dos transplantes com palavras extremamente críticas:

> Somos hoje testemunhas de uma verdadeira guerra dos fortes contra os fracos, uma guerra que visa eliminar os deficientes físicos, aqueles que incomodam e até simplesmente aqueles que são pobres e "inúteis", em todos os momentos da existência. Com a cumplicidade dos Estados, usam-se meios colossais contra as pessoas, na aurora da sua vida, ou então quando a vida deles fica vulnerável por causa de uma doença e quando está perto de se extinguir.[140]

E depois de se ter lançado contra o aborto, o uso dos embriões excedentes e o diagnóstico pré-natal, prossegue:

> Mais tarde, aqueles que uma doença ou um acidente fizerem cair em estado de coma "irreversível", serão muitas vezes mortos para se atender às demandas de

---

140 RATZINGER, J. Il problema delle minacce alla vita umana, em: *L'Osservatore Romano*, sexta-feira 5 de abril de 1991, pp. 1 e 4 (cit. p. 4).

> órgãos para transplante ou servirão, também estes, para
> a experimentação médica (cadáveres quentes).[141]

Palavras duras, mas elas de fato não produziram na Igreja Católica uma tomada de posição oficial, uma mudança no modo de pensar ou, pelo menos, uma pausa para meditação. Mesmo ainda "quentes", os mortos cerebrais seriam já cadáveres. Isso bastava para mantê-los fora daquela proteção da vida humana, desde o primeiro início até seu termo, que caracteriza também a Encíclica *Evangelium vitae*, publicada alguns anos depois. Diante das "novas ameaças à vida humana", o Magistério da Igreja intensifica suas intervenções em defesa da sacralidade e da inviolabilidade da vida humana:

> Hoje, este anúncio (o Evangelho da vida, n° d. a.) se faz sobremodo urgente pela impressionante multiplicação e agravamento das ameaças à vida das pessoas e dos povos, sobretudo quando esta é frágil e sem defesa. Às antigas dolorosas feridas da miséria, da fome, das doenças endêmicas, da violência e das guerras, somam-se outras com modalidades inéditas e com inquietantes dimensões.[142]

O Papa refere-se explicitamente ao "fenômeno da eliminação de muitas vidas humanas nascentes ou a caminho do ocaso" (n° 4). No entanto, nesse contexto não se faz menção alguma ao problema dos transplantes. Todavia,

---

141 Ibid., p. 4.
142 João Paulo II, Enc. *Evangelium Vitae*, 25/03/1995 (n° 3). Estou citando a partir do volume publicado pela Editora Leonardo, por gentil concessão da Libreria Editrice Vaticana, Milano 1995.

um pouco adiante o Papa chama a atenção para o perigo que poderia ocorrer "quando, para aumentar a disponibilidade de órgãos para transplantes, se efetuasse a extração dos mesmos órgãos sem respeitar os critérios objetivos e adequados de certificação da morte do doador".[143] A seguir acentua o Papa: "provocar direta e propositalmente a morte de um ser humano inocente é sempre um ato gravemente imoral".[144] Mas se os mortos cerebrais já são cadáveres, não há problema, dado que não se pode matar uma pessoa que já está morta. Assim a batalha em defesa da vida humana podia ser travada sem pôr em discussão a retirada dos órgãos de pessoas cerebralmente mortas.[145]

Um discurso posterior do Pontífice, pronunciado em 29 de agosto de 2000, por ocasião de um Congresso Internacional sobre os Transplantes, confirma essa linha e, aliás, pela primeira vez, chega a uma explícita legitimação da morte cerebral. Falando expressamente do critério neurológico de morte, enfatiza o Papa que:

> *A Igreja não faz opções científicas, mas se limita a exercer a responsabilidade evangélica de confrontar os dados oferecidos pela ciência médica com uma concepção unitária da pessoa segundo a perspectiva cristã, evidenciando assonâncias e eventuais contradições, que poderiam pôr em risco o respeito à dignidade humana.*[146]

---

143 *Ibid.*, n° 5.
144 *Ibid.*, n° 57.
145 Aliás, pouco adiante o Papa vai poder sublinhar que "merece particular apreço a doação dos órgãos realizada de formas eticamente aceitáveis, para oferecer uma possibilidade de saúde e mesmo de vida a pacientes por vezes sem esperança" (n° 86).
146 O texto inglês, com a tradução italiana do discurso está publicado em

Desse discurso, porém, parece que se pode concluir que João Paulo II conserva aquela perspectiva totalmente compatível com a nova definição de morte:

> *Nessa perspectiva é possível afirmar que o recente critério de certificação da morte mencionado acima, ou seja, a cessação total e irreversível de toda a atividade encefálica, se escrupulosamente aplicado, não parece contradizer os elementos essenciais de uma correta concepção antropológica. Por conseguinte, o agente de saúde, que tiver a responsabilidade profissional dessa certificação, pode tomá-los por base para alcançar, caso a caso, aquele grau de segurança no juízo ético que a doutrina moral qualifica com o termo de "certeza moral", certeza necessária e suficiente para que se possa agir de modo eticamente correto.[147]*

O discurso representava a clara legitimação da nova noção de morte que os médicos transplantistas há tempo esperavam.[148]

Em discurso posterior, pronunciado no dia 22 de março de 2004, João Paulo II enfatizou a posição da

---

L'Osservatore Romano, quarta-feira 30 de agosto de 2000, pp. 4-5.

147 *Ibid.*

148 *Ibid.*. Em todo o caso, o Papa, nessa ocasião, também sublinhou um ponto importante relativo à "necessidade de um consenso informado": "A verdade humana de um gesto tão comprometedor exige, efetivamente, que a pessoa seja adequadamente informada sobre os processos nele implicados, de sorte a exprimir de modo consciente e livre o seu consentimento ou recusa. O eventual consentimento dos cônjuges tem em si um valor ético quando faltar a opção do doador". Essa afirmação se acha em claro contraste com a explícita defesa feita pelo cardeal Tettamanzi do critério do silêncio-assentimento em *Nuova Bioética Cristiana*, cit. 503: "A retirada de órgãos é permitida pela legislação italiana, se a pessoa não houver manifestado parecer contrário. Compartilhamos que o Estado haja assim intervindo...".

128

Igreja no tocante ao "estado vegetativo permanente", reportando-se mais uma vez ao princípio ético *in dubio pro vita*:

> *De resto, é conhecido o princípio moral segundo o qual mesmo a simples dúvida de se estar diante de uma pessoa viva já impõe o dever do seu pleno respeito e da abstenção de qualquer ação que vise antecipar a morte. Sobre essa referência geral não podem prevalecer considerações sobre a "qualidade da vida", muitas vezes ditadas realmente por pressões de caráter psicológico, sociológico e econômico. Acima de tudo, nenhuma avaliação de custos pode prevalecer sobre o valor do fundamental bem que se busca proteger, a vida humana. Além disso, admitir que se possa decidir sobre a vida do homem com base em um reconhecimento externo de sua qualidade, equivale a reconhecer que a qualquer pessoa possam atribuir-se de fora níveis crescentes ou decrescentes de qualidade da vida e, portanto, de dignidade humana, introduzindo um princípio discriminador e eugênico nas relações sociais.[149]*

As observações do Papa se referem explicitamente à condição clínica do assim chamado "estado vegetativo permanente", que difere da condição da morte cerebral, mas se também essa última condição clínica é tal que não se possa excluir, com a certeza a que o próprio Pontífice se refere, que quando o aparelho respiratório

---

149 João Paulo II, Un uomo, anche se gravemente impedito non diventerà mai un "vegetale", em: *L'Osservatore Romano*, pp. 20-21 de março de 2004, p. 5. Esse discurso foi pronunciado por ocasião da audiência concedida aos participantes no Congresso promovido pela Federação Internacional das Associações dos Médicos Católicos e pela Pontifícia Academia para a Vida.

continua ligado, no paciente persiste ainda um resíduo de vida, então essas observações deveriam ser entendidas de forma análoga também aos mortos cerebrais. Numa palavra, a permanente aceitação por parte da Igreja Católica da retirada dos órgãos de pacientes cerebralmente mortos, embora na presença de uma defesa integral e absoluta da vida humana, só fica de pé em cima da (pressuposta) certeza científica de serem efetivamente cadáveres.

4. Uma voz de peso, mas dissonante: o cardeal Joachim Meisner

Tal certeza, no entanto, como foi possível documentar nas páginas precedentes, é hoje fortemente posta em dúvida. Sabedor das novas orientações da ciência médica e do debate internacional em curso, o cardeal de Colônia Joachim Meisner, por ocasião dos trabalhos do parlamento alemão sobre o tema do transplante de órgãos, divulgou significativa mensagem que desejo, aqui, reportar por extenso:

> No atual estado do debate, a identificação da morte cerebral com a morte do ser humano não é mais sustentável do ponto de vista cristão. Não se pode reduzir o ser humano a suas funções cerebrais. Não se pode afirmar que a morte cerebral signifique a morte, nem que seja um sinal de morte. Ela não é tampouco o momento da morte. Todas as reflexões sobre a doação de órgãos devem, portanto, partir da ideia segundo a qual

um ser humano, para quem foi atestada conforme as regras da arte médica apenas a morte cerebral, está vivo ainda. Todavia – e isso é de importância essencial para a ulterior avaliação –, o ser humano cerebralmente morto é um moribundo de forma irreversível. Certamente não voltará mais à consciência e não vai mais respirar de maneira autônoma. Por isso, não é obrigatório prolongar artificialmente esse morrer com todos os meios técnicos – a não ser que o interessado houvesse expresso a vontade de lhe serem extraídos os órgãos antes que as máquinas fossem desligadas. A morte como consequência da morte cerebral sucede então mais tarde. Portanto, em momento algum aqui se mata. A doação dos órgãos continua sendo possível, e pode ser um ato de supremo amor cristão ao próximo. Caso se pergunte sobre quais as condições nas quais se podem extrair os órgãos, deve-se então levar em conta o fato de que um morto cerebral não é um cadáver. Definir por lei a morte cerebral como a morte do ser humano impediria unir os esforços para incrementar a disponibilidade à doação. Uma lei desse gênero seria contraproducente.[150]

O cardeal Meisner abre aqui uma interessante (e, em certos aspectos, surpreendente) perspectiva, indicando como se podem justificar os transplantes – mesmo de

---

150 MEISNER, J. *Erklärung des Erzbischofs von Köln zum beabsichtigten Transplantationsgesetz*, Pressamt des Erzbistums Köln, n° 316, 27 de setembro de 1996. Cf. ainda MEISNER, J. Wann trennen sich Seele und Leib?, em: *Frankfurter Allgemeine Zeitung*, 25/01/1997, p. 14. Sua declaração se refere aos debates em torno da lei alemã acerca dos transplantes, lei que entrou em vigor em 01/12/1997 (*Gesetz über die Spende, Entnahme und Übertragung von Organe – Transplantationsgesetz*). O texto integral em tradução italiana autorizada foi publicado por BECCHI, P. La posizione della Chiesa cattolica sul trapianto di organi da cadavere, em: *Asprenas*, 52 (2005), pp. 389-401.

um ponto de vista católico – sem passar por uma definição de morte, como a cerebral, que se mostra sempre mais inadequada.

Além dessa tomada de posição oficial, agora está ocorrendo um processo de mudança de opinião no mundo católico. Isso é o que se vê pelo fato de que a Pontifícia Academia das Ciências que – como se viu –, já na década de 1980 havia se manifestado a favor da nova definição de morte, decidiu voltar de novo ao tema, dedicando um encontro de estudo aos "sinais da morte" no contexto da prática dos transplantes de órgãos de um cadáver. Ao ensejo desse encontro, que se realizou nos dias 3 e 4 de fevereiro de 2005, João Paulo II nos deixou, com a carta enviada aos participantes, um de seus últimos escritos. E é significativo que nesse documento o Papa não mais considere como dato adquirido – como efetivamente se depreendia do discurso pronunciado em 29 de agosto de 2000 – o critério de morte baseado em parâmetros neurológicos.[151] O Papa se dirige aos médicos – reportando-se aqui ao que ensinava Pio XII – pedindo-lhes que forneçam aquela certeza sobre o momento da morte que, mesmo

---

151 O texto inglês, com a tradução italiana da carta do Papa, está publicado no *L'Osservatore Romano*, 4 de fevereiro de 2005, p. 4. Citamos um trecho significativo: "Do ponto de vista clínico [...], a única maneira correta – e também a única possível – de enfrentar o problema de atestar o óbito de um ser humano é dirigir a atenção e a pesquisa para a identificação de adequados 'sinais da morte', conhecidos através da sua manifestação corporal no indivíduo. Trata-se, evidentemente, de um tema de fundamental importância para o qual a posição da ciência, atenta e rigorosa, deve, portanto, ser ouvida em primeira instância [...]".

de forma prudente, o próprio Pontífice no discurso precedente havia julgado poder-se identificar na "cessação *total* e *irreversível* de toda a atividade cerebral". Não é possível dizer quais os resultados que se obtiveram no encontro de estudo, visto que – diversamente do passado – não se emitiram comunicados oficiais. Todavia, algumas das intervenções apresentadas nessa ocasião foram coligidas em um substancioso volume e recentemente publicadas em língua inglesa (e em tradução italiana). No volume se constata que se acha atualmente em curso um processo de revisão.[152]

A Igreja Católica se acha diante de uma alternativa que, mais cedo ou mais tarde, terá que encarar: ou continua sustentando uma certa ideia integral da sacralidade da vida humana desde o primeiro instante até o seu termo; ou deve então refletir sobre a mensagem que o cardeal Meisner quis lançar. Mas uma coisa que não poderá fazer, a longo prazo, é continuar sustentando que a retirada dos órgãos é lícita por ser feita em cadáveres.

---

152 *Finis Vitae. Is Brain Death Still Life?*, por MATTEI, R. de, (Ed.), Soveria Mannelli 2002 (tr. it., *Finis Vitae. La morte cerebrale è ancora vita?* Soveria Mannelli 2007). Os autores das intervenções coligidas no volume, predominantemente neurologistas norte-americanos e anglo--saxões, juristas e filósofos europeus, estão de acordo em declarar que a morte cerebral não é a morte do ser humano e que o critério da morte cerebral, a que falta confiabilidade científica, deve ser abandonado. Todavia, no volume não se dá lugar para a discussão de soluções alternativas para se conseguirem órgãos destinados ao transplante.

5. O novo Catecismo da Igreja Católica

Algumas significativas diferenças devem ser ainda registradas com referência às duas versões do novo Catecismo da Igreja Católica, promulgado pelo Papa João Paulo II. No texto italiano, publicado em 1992, o ponto relativo (n° 2296) está formulado de maneira, para dizer a verdade, insatisfatória. Eis o texto integral: "O *transplante de órgãos* não é moralmente aceitável se o doador ou os seus representantes legais não deram para isso explícito consentimento. O transplante de órgãos é conforme à lei moral e pode ser meritório, se os danos e os riscos físicos e psíquicos em que incorre o doador forem proporcionais ao bem que se procura para o destinatário. É moralmente inadmissível provocar diretamente a mutilação que torne alguém inválido ou a morte de um ser humano, mesmo que seja para retardar o óbito de outras pessoas".[153]

Exceto a primeira proposição, toda em forma negativa, que, no entanto, mesmo implicitamente se refere ao transplante obtido de um cadáver, as proposições seguintes se referem, ainda que de maneira implícita, mas também claramente, à doação obtida de um ser vivo. Com relação ao transplante de órgãos obtidos de um cadáver, a proposição parece antes defensiva. Admite-se, nesse caso, mas fixando como princípio o do consentimento explícito, sem mencionar jamais a condição clínica a partir da qual é lícita a retirada do órgão.

---

153 *Catechismo della Chiesa cattolica*, Roma, Città del Vaticano 1992, p. 564.

134

A versão latina do ponto citado, feita alguns anos mais tarde (precisamente em 1997), não é a tradução literal do texto acima; tal versão latina, traduzida para a língua portuguesa, diz:

> *O transplante de órgãos é conforme à lei moral e pode ser meritório, se os danos e os riscos físicos e psíquicos em que incorre o doador forem proporcionais ao bem que se procura para o destinatário. A doação de órgãos após a morte é um ato nobre, meritório a ser incentivado como manifestação de generosa solidariedade. Não é moralmente aceitável se o doador ou seu representante legal não tiverem dado para isso o seu explícito consentimento. É além disso moralmente inadmissível a mutilação, que implica invalidez, ou provocar diretamente a morte, mesmo que isso se faça para retardar a morte de outras pessoas.[154]*

Como se vê, a argumentação com referência ao transplante de órgãos de um cadáver é sem dúvida mais complexa. Ainda se faz menção ao critério do consentimento explícito, mas essa é precedida de uma frase, da qual não se encontra nem um traço na versão italiana, em que a doação de órgãos após a morte é apresentada como ato nobre e meritório, que se deve estimular.

O recente *Compêndio*, obra do Papa Bento XVI, é obviamente muito conciso, mas em certos aspectos surpreendente: "O transplante de órgãos é moralmente aceitável com o consentimento do doador e sem riscos excessivos para ele. Para o nobre ato da doação dos

---

154 *Catechismus Catholicae Ecclesiae*, Roma, Città del Vaticano 1997, p. 586.

órgãos após a morte, deve ter sido plenamente atestada a morte real do doador".[155]

A doação *post mortem* é sempre um nobre gesto, mas pela primeira vez se introduz a ideia que ela deve ocorrer depois de se ter certeza da morte real (não clínica) do doador. Então, dado que hoje – como já se viu – existem bons argumentos para afirmar que a morte cerebral não equivale à morte real da pessoa, as consequências poderiam na verdade ser perturbadoras, e seria possível perguntar quando é que serão objeto de uma tomada de posição oficial.

6. As disposições vigentes no Estado da Cidade do Vaticano a respeito da certificação do óbito

O que até agora foi mencionado diz respeito ao Magistério da Igreja Católica. Pode ser, no entanto, oportuno perguntar, concluindo, se há disposições normativas baixadas pelo Estado da Cidade do Vaticano no tocante aos problemas aqui discutidos. Nenhuma determinação normativa está prevista no que se refere à problemática do transplante de órgãos, ao passo que foi promulgado em 22 de junho de 1993 um decreto referente à certificação do óbito no território vaticano.

O documento normativo, vigente até hoje, prevê no artigo 2, #2, letra *b*, que a constatação da morte se faça

---

155 *Catechismo della Chiesa cattolica*. Compendio, Roma, Città del Vaticano 2005, p. 129.

"atestando a duradoura cessação das atividades cardiocirculatória, respiratória e nervosa". A letra *d* do mesmo artigo afirma, por sua vez, que no âmbito das possibilidades, a ocorrência do óbito seja certificada com "absoluta certeza, mediante a execução, no local do óbito ou na câmara mortuária, de um eletrocardiotanatograma por ao menos vinte minutos anteriores consecutivos".[156]

Parece-me absolutamente evidente que o Estado da Cidade do Vaticano não aceitou a nova definição da morte cerebral, e continua considerando válida a tradicional, julgando indispensável para a certificação do óbito a duradoura cessação dos três elementos do tripé vital (coração, pulmões, cérebro). O fato de a Cidade do Vaticano não ter adotado uma legislação *ad hoc* sobre os transplantes não deve, portanto, ser imputado – como se poderia supor à primeira vista – a dificuldades de natureza técnico-organizacionais, pois com base nos critérios previstos para a certificação da morte eles seriam realmente impossíveis. Numa palavra, enquanto a Igreja Católica oficialmente encoraja a doação dos órgãos de pacientes em estado de morte cerebral, considerando-os cadáveres, o Estado do Vaticano, rejeitando a definição de morte cerebral, continua implicitamente a considerá--los ainda vivos.

---

156 *Decreto della Pontificia Commissione per lo Stato della Città del Vaticano concernente gli adempimenti sanitari nei casi di morte nel territorio dello Stato della Città del Vaticano*, nº CCV de 22 de junho de 1993, publicado em: "Acta Apostolicae Sedis. Supplemento per le leggi e disposizioni dello Stato della Città del Vaticano", sexta-feira 25 de junho de 1993, pp. 23-35.

V

MORTE ENCEFÁLICA E TRANSPLANTES:

Aspectos Éticos e Jurídicos de Legislações no Brasil

Reinaldo Ayer de Oliveira
Conselho Regional de Medicina do Estado de São Paulo
Docente de Bioética da Faculdade de Medicina da
Universidade de São Paulo

Luiz Antônio da Costa Sardinha
Conselho Regional de Medicina do Estado de São Paulo
Coordenador do Programa de Captação de Órgãos e Tecidos
do Hospital das Clínicas da Faculdade de Medicina da
Universidade Estadual de Campinas. São Paulo

INTRODUÇÃO

No Brasil os transplantes de órgãos sólidos começaram a ser realizados a partir da década de 60. De procedimentos clínicos considerados experimentais, hoje constituem métodos terapêuticos de comprovada eficácia para o tratamento de inúmeras doenças de caráter progressivo e fatal, contribuindo decisivamente não só na melhoria da perspectiva do tempo de vida, como também

138

da qualidade de vida dos doentes, possibilitando seu retorno ao convívio social e à atividade profissional. Vários fatores contribuem com os bons resultados dos procedimentos de transplante: a evolução e a padronização da técnica cirúrgica, o desenvolvimento de soluções de preservação, a descoberta de novos e eficientes imunossupressores além da evolução científica e tecnológica da medicina nos últimos anos, caracterizada pelos avanços na técnica de anestesia, na incorporação de novos antibióticos e de métodos diagnósticos mais sofisticados, na criação das unidades de terapia intensiva e uma legislação que se adequa aos desafios.

O debate ético e a posterior aceitação do conceito de morte encefálica (coma *depassè*: um corpo vivo com um cérebro morto), inicialmente elaborado para estabelecer critérios de manutenção de tratamento em unidades de terapia intensiva de doentes neurológicos, estendido posteriormente para caracterizar os potenciais doadores de órgãos, foi fundamental para a evolução dos transplantes.[157]

1. Legislação no Brasil: em casos de transplantes *post mortem* e de *morte encefálica*

Em período recente no Brasil produziu-se uma legislação por meio de leis, portarias e resoluções, em âmbito

---

157 BACCHELLA, T.; OLIVEIRA, R. A. Bioética dos transplantes. Em: SEGRE, M. (org.). *A questão ética e a saúde humana*. São Paulo: Editora Atheneu, 2006.

nacional e estadual, que regula os transplantes de órgãos no país e, basicamente:

A Lei Federal n° 9.434, de 4 de fevereiro de 1997, dispõe sobre a remoção de órgãos, tecidos e partes do corpo humano para fins de transplante e tratamento e dá outras providências.[158]

O texto é dividido em capítulos:

No capítulo I, das disposições gerais a lei trata da permissão de "disposição gratuita de tecidos, órgãos e partes do corpo humano, em vida ou *post mortem*, para fins de transplante e tratamento". Condiciona que a "realização de transplante ou enxertos de tecidos, órgãos ou partes do corpo humano só poderá ser realizada por estabelecimento de saúde, público ou privado, e por equipes médico-cirúrgicas de remoção e transplante previamente autorizados pelo órgão de gestão nacional do Sistema Único de Saúde". Refere a lei "a realização de transplantes ou enxertos de tecidos, órgãos ou partes do corpo humano só poderá ser autorizada após a realização, no doador, de todos os testes de triagem para diagnóstico de infecção e infestação exigidos para a triagem de sangue para doação", remetendo ao disposto na Lei n° 7.649, de 25 de janeiro de 1988.[159]

---

158 BRASIL. Lei n° 9.434, de 4 de fevereiro de 1997. Dispõe sobre a remoção de órgãos, tecidos e partes do corpo humano para fins de transplante e tratamento e dá outras providências. Diário Oficial da União, Poder Executivo, Brasília-DF, 5 de fevereiro de 1997. Seção 1, p. 2191.
159 BRASIL. Lei n° 7.649, de 25 de janeiro de 1988. Estabelece a obrigatoriedade do cadastramento dos doadores de sangue bem como a

O capítulo II, vincula a "retirada *post mortem* de tecidos, órgãos ou partes do corpo humano destinados a transplante ou tratamento" ao diagnóstico de morte encefálica, cujos critérios constam da Resolução n° 1.480, de 8 de agosto de 1997, do Conselho Federal de Medicina.[160]

Aduz-se que "será admitida a presença de médico de confiança da família do falecido no ato da comprovação e atestação da morte encefálica".

Ressalta a lei que "remoção *post mortem* de tecidos, órgãos ou partes do corpo de pessoa juridicamente incapaz poderá ser feita desde que permitida expressamente por ambos os pais, ou por seus responsáveis legais" e que: "é vedada a remoção *post mortem* de tecidos, órgãos ou partes do corpo de pessoas não identificadas", por fim consta do capítulo II: "após a retirada de partes do corpo, o cadáver será condignamente recomposto e entregue aos parentes do morto ou seus responsáveis legais para sepultamento".

O capítulo III trata da disponibilidade de tecidos, órgãos e partes do corpo humano vivo para fins de transplante ou tratamento, considerando a possibilidade de: "é permitida à pessoa juridicamente capaz dispor gratuitamente de tecidos, órgãos ou partes do próprio corpo vivo para fim de transplante ou terapêuticos". A restrição

---

realização de exames laboratoriais no sangue coletado, visando a prevenir a propagação de doenças, e dá outras providências. Diário Oficial da União, Poder Executivo, Brasília-DF, 27 de janeiro de 1988. Seção 1, p. 1609.

160   BRASIL. Conselho Federal de Medicina. Resolução n°º 1.480, de 8 de agosto de 1997. Dispõe sobre os critérios de morte encefálica. Diário Oficial da União, Poder Executivo, Brasília-DF, 21 de agosto de 1997. Seção 1, pp. 18227-18228.

ocorre quando se trata de gestante, pois: "é vedado à gestante dispor de tecidos, órgãos ou partes de seu corpo vivo, exceto quando se tratar de doação de tecido para ser utilizado em transplante de medula óssea e o ato não oferecer risco à sua saúde ou ao feto".

O capítulo IV trata das disposições complementares, assim: "o transplante ou enxerto só se fará com o consentimento expresso do receptor, após aconselhamento sobre a excepcionalidade e os riscos do procedimento". Sendo que na incapacidade jurídica receptor ou em situações "cujas condições de saúde impeçam ou comprometam a manifestação válida de sua vontade", o consentimento será dado por um de seus pais ou responsáveis legais. É importante destacar que, de acordo com a lei: "é obrigatório, para todos os estabelecimentos de saúde informar, às centrais de notificação, captação e distribuição de órgãos da unidade federada onde ocorrer o diagnóstico de morte encefálica feito em pacientes por eles atendidos".

A não obediência aos dispositivos da Lei n° 9.434[161] implica em sanções penais e administrativas.

2. Sobre a Definição de Morte Encefálica

De acordo com a Lei n° 9.434, de fevereiro de 1997[162] compete ao Conselho Federal de Medicina definir os

---

161   *Ibid*, nota 40.
162   *Ibid*, nota 40.

critérios para diagnóstico de morte encefálica; e isso é fundamentado na Resolução n° 1.480, de 8 de agosto de 1997.[163]

No preâmbulo da Resolução considera-se que: "a parada total e irreversível das funções encefálicas equivale à morte, conforme critérios já bem estabelecidos pela comunidade científica mundial; o ônus psicológico e material causado pelo prolongamento do uso de recursos extraordinários para o suporte de funções vegetativas em pacientes com parada total e irreversível da atividade encefálica; a necessidade de judiciosa indicação para interrupção do emprego desses recursos; a necessidade da adoção de critérios para constatar, de modo indiscutível, a ocorrência de morte".

Assim, considerando a Resolução, define que: "A morte encefálica será caracterizada através da realização de exames clínicos e complementares durante intervalos de tempo variáveis, próprios para determinadas faixas etárias. A morte encefálica deverá ser consequência de processo irreversível e de causa conhecida. Os parâmetros clínicos a serem observados para constatação de morte encefálica são: coma aperceptivo com ausência de atividade motora supraespinal e apneia". Aduz a Resolução que: "Os intervalos mínimos entre as duas avaliações clínicas necessárias para a caracterização da morte encefálica serão definidos por faixa etária, conforme abaixo especificado:

a) de 7 dias a 2 meses incompletos – 48 horas

---

163   *Ibid*, nota 42.

b) de 2 meses a 1 ano incompleto – 24 horas

c) de 1 ano a 2 anos incompletos – 12 horas

d) acima de 2 anos – 6 horas

Com o objetivo de revisar os procedimentos de diagnóstico de ME em crianças, é necessário conceituar os 7 dias de uma gestação de 37 semanas.[164]

No sentido de completar o diagnóstico de morte encefálica, exames complementares devem ser realizados para constatação de morte encefálica de forma inequívoca, eles visam caracterizar: ausência de atividade elétrica cerebral, ausência de atividade metabólica cerebral ou ausência de perfusão sanguínea cerebral.

Após a constatação e documentação da morte encefálica, "deverá o Diretor Clínico da instituição hospitalar, ou quem for delegado, comunicar tal fato aos responsáveis legais do paciente, se houver, e à Central de Notificação, Captação e Distribuição de Órgãos a que estiver vinculada à unidade hospitalar onde o mesmo se encontrava internado".

O Código de Ética Médica,[165] em seu capítulo VI, trata de "Doação e Transplante de Órgãos ⌐ Tecidos":

---

164 NAKAGAWA, T. A. *et al.* Guidelines for the Determination of Brain Death in Infants and Children: An Update of the 1987 Task Force Recommendations. *Pediatrics*, v. 128, n° 3, pp. e720 e 740, Sept. 1, 2011. (doi: 10.1542/peds.2011-1511). Disponível em: <pediatrics.aappublications.org/content/128/3/e720>. Acesso em: 10 de março de 2014.

165 BRASIL. Conselho Federal de Medicina. Resolução n° 1.931, de 17 de setembro de 2009. Aprova o Código de Ética Médica. Diário Oficial da União; Poder Executivo, Brasília-DF, 24 de setembro de 2009. Seção 1, pp. 90-92. Diário Oficial da União, Poder Executivo, Brasília-DF, 3 de outubro de 2009. Seção 1, p. 173 retificação.

Artigo 43 – Participar do processo de diagnóstico da morte ou da decisão de suspender meios artificiais para prolongar a vida do possível doador, quando pertencente à equipe de transplante;

Artigo 44 – Deixar de esclarecer o doador, o receptor ou seus representantes legais sobre os riscos decorrentes de exames, intervenções cirúrgicas e outros procedimentos nos casos de transplantes de órgãos;

Artigo 45 – Retirar órgão de doador vivo quando este for juridicamente incapaz, mesmo se houver autorização de seu representante legal, exceto nos casos permitidos e regulamentados em lei;

Artigo 46 – Participar direta ou indiretamente da comercialização de órgãos ou de tecidos humanos.

3. Dificuldades no Diagnóstico de Morte Encefálica

O quadro de morte encefálica, definido em lei, apresenta algumas dificuldades para o seu diagnóstico de certeza. Apesar de descrito legalmente o médico às vezes tem dificuldades para iniciar o protocolo de morte encefálica.

Todas as etapas para o diagnóstico são definidas por lei e todas elas devem ser rigorosamente cumpridas e registradas, iniciando com a identificação do suspeito de morte encefálica. Importante lembrar que pacientes definidos como "desconhecidos" têm o direito de ter o diagnóstico de morte encefálica bem estabelecido, e a partir deste pode-se discutir a doação de órgãos e tecidos.

O diagnóstico de morte encefálica se baseia em um princípio essencial: o paciente sofre uma lesão cerebral irreversível. Fica imprescindível confirmar que o paciente sofreu danos estruturais no sistema nervoso central, através de evidências clínicas e de neuroimagens ou ambas. Quando ocorre de não se saber a causa do quadro neurológico, não se pode estabelecer o diagnóstico de morte encefálica, portanto, antes de se suspeitar de tal morte devem-se afastar lesões ou situações que levem ao coma, as quais podem simular a situação de morte encefálica.

O quadro clínico de coma não responsivo geralmente se estabelece com a suspensão dos sedativos ou fármacos que possam diminuir o nível de consciência e simular um quadro de morte encefálica. Os fármacos atualmente mais utilizados em pacientes neurológicos graves são os benzodiazepínicos, em especial o midazolam Em voluntários saudáveis, a meia vida do midazolam varia entre 1,8 e 6,4 horas (média de três horas), portanto na suspeita de coma induzidos por benzodiazepínicos esse é o tempo de espera para se suspeitar de morte encefálica.[166]

Nos casos de comprometimento renal, a meia vida pode se prolongar até 24 horas. Após esse período, sem o uso da medicação, deverá ser iniciado os testes clínicos de diagnóstico de morte encefálica. Nesse momento é

---

166 ROLDAN, J. M. D. *et al.* Diagnóstico de morte encefálica. Em: TERZI, R. et al. (Ed.). *Cuidados neurointensivos*. São Paulo: Atheneu, 2013. v. 19, cap. 26, pp. 455-471.

de fundamental importância comunicar a família sobre o início dos testes para o diagnóstico de morte encefálica – abertura do protocolo de morte encefálica, como já descrito em lei. Recomenda-se alertar à família sobre o direito de indicação e o acompanhamento de um médico de sua confiança, não devendo em hipótese alguma falar sobre doação de órgãos, a não ser que ocorram questionamentos da família.

Para o início dos testes clínicos é fundamental que o paciente esteja estável do ponto de vista hemodinâmico, uma vez que a hipotensão arterial é um dos mais importantes fatores que pioram o fluxo sanguíneo cerebral, inclusive durante o uso recomendável de drogas vasoativas. A presença de diurese aumentada e o quadro clínico sugestivo de *diabetes insipidus* podem estar presentes em até 24 horas antes do início do protocolo, levando a quadros de hipernatremia que, entretanto, não devem impedir a abertura do protocolo. A utilização de vasopressina endovenosa e de desmopressina nasal são indicados nesses quadros.[167]

A presença de hipotermia, definida como temperatura inferior a 32 graus Celsius, pode se associar a quadros falsos de morte encefálica porque nesses casos existe uma redução global da atividade do sistema nervoso central, caracterizado por rebaixamento do nível da consciência e dos reflexos do tronco cerebral, principalmente, quando a temperatura corporal fica abaixo de 28 graus Celsius. A hipotermia deve ser corrigida

---

167   *Ibid*, nota 48.

com utilização de colchões térmicos, infusão de líquidos aquecidos e lavagem via sondas nasogástrica e uretral com líquidos aquecidos. Portanto, a hipotermia deve ser revertida antes do início do processo de diagnóstico da morte encefálica.[168]

4. Testes clínicos

O reflexo fotomotor deve ser realizado com a colocação de fonte luminosa a distância de cerca de 20 cm do globo ocular e, necessariamente, a resposta deverá ser negativa. Importante observar que a pupila não, necessariamente, deverá estar midriática, mas sim arresponsiva.

O reflexo córneo-palpebral deve ser realizado com estímulo leve em região latero-inferior do globo ocular, a resposta deverá ser a ausência de piscamento a estimulação da córnea.

As primeiras dificuldades descritas pelos médicos são nos casos de trauma ocular com lesão direta sobre o globo ocular e consequente dificuldade em sua abertura ou mesmo a realização inadequada do exame. Ausência traumática do globo deverá ser descrita no prontuário do paciente, mas não inviabiliza a continuidade dos testes clínicos.

O reflexo óculo-cefálico deve ser realizado com o observador posicionando-se atrás do paciente e colocando

---

168 DANZL, D. F.; POZOS, R. S. *Accidental Hypothermia*. N Engl J Med. v. 331, n° 26, 1994, pp. 1756-1760.

a mão direita abaixo de sua cabeça, e com a esquerda executando a abertura ocular bilateral e movimentando a cabeça lateralmente para os dois lados, obtendo ausência de movimentos oculares. Em pacientes com respostas normais, isto é, apresentando sinais de vida, ocorre a mirada ocular para o lado em que se movimenta a cabeça.

A dificuldade na realização do exame está em pacientes com suspeita de fratura em coluna cervical, sendo que o mesmo só poderá ser realizado após a liberação da equipe responsável pelos cuidados ortopédicos ou neurocirúrgicos.

O reflexo óculo vestibular deve ser realizado de acordo com a seguinte técnica:

1) Realizar otoscopia direta do conduto auditivo bilateral, com a cama colocada em 30 graus;

2) Colocar sonda em conduto auditivo: com a instilação de água gelada observa-se o aparecimento de movimentos oculares de fuga ao estímulo em pacientes sem morte encefálica; a instilação de água aquecida de movimentos em direção ao estímulo. O teste deve ser feito aguardando-se o tempo de 5 minutos entre um e outro lado. A ausência de movimentos caracteriza sinal positivo para o diagnóstico de morte encefálica.

A dificuldade na realização desse teste estaria nos casos de fraturas de base de crânio com sangramento (otorragias).

No teste do reflexo de tosse deve ser realizado o estímulo com a utilização de sonda introduzida abaixo do tubo oro ou nasal traqueal. O teste é positivo quando não há tosse ou deglutição.

5. Teste de Apneia

Motivo de calorosas discussões o Teste de Apneia deve ser realizado de modo seguro com a técnica descrita na Lei e na Resolução do CFM, que determinam:

1) Oxigenação do paciente, com oxigênio (O_2) a 100%, pelo período de 10 minutos;

2) Coleta de gasometria arterial;

3) Colocação de uma sonda através do tubo oro ou naso traqueal com um fluxo de 6 litros/minutos de O_2;

4) Descobrir o paciente e observar pelo período de 10 minutos a ausência de movimentos respiratórios ou até se atingir um nível de gás carbônico arterial (PCO_2) acima de 55 mmHg;

5) Após esse período com a ausência de movimentos o paciente deverá retornar ao respirador mecânico.

6. Dificuldades no Teste de Apneia

São muitas as dificuldades e a maior delas é o temor do médico de piorar a situação clínica do paciente expondo-o a um quadro prolongado de hipóxia. É recomendável a utilização de oximetria de pulso, para a segurança do exame.

Outra dificuldade no Teste de Apneia é a avaliação dos níveis de PCO_2 acima de 55 mmHg, nos dez minutos de apneia. Esse fato decorre de que a maioria dos pacientes com lesões encefálicas são mantidos com frequências respiratórias acima de 12 ou mesmo 14 ciclos por minuto, abaixando os níveis de PCO_2 antes do início do teste. Sabemos que durante a apneia a elevação dos níveis de PCO_2 se dá em torno de 2 a 3 mmHg por minuto. Em um teste de dez minutos teríamos um diferencial de pelo menos 20 a 30mmHg entre a gasometria inicial e a final. Os pacientes com doença pulmonar obstrutiva crônica (DPOC) já tem em sua vida habitual níveis de PCO_2 acima de 55 mmHg, sendo assim: é fundamental o diferencial entre a gasometria inicial e a final na validação do teste.

Pacientes com quadro de lesão pulmonar aguda secundária a trauma ou mesmo a processos infecciosos poderão ter dificuldades na realização do teste devendo ser rigorosamente avaliada a indicação do mesmo. As dificuldades encontradas deverão ser registradas no prontuário médico do paciente.[169] [170]

---

169   BRASIL. Lei nº 9.434, de 4 de fevereiro de 1997. Dispõe sobre a remoção de órgãos, tecidos e partes do corpo humano para fins de transplante e tratamento e dá outras providências. Diário Oficial da União, Poder Executivo, Brasília-DF, 5 de fevereiro de 1997. Seção 1, p. 2191.

170   BRASIL. Conselho Federal de Medicina. Resolução nºº 1.480, de 8 de agosto de 1997. Dispõe sobre os critérios de morte encefálica. Diário Oficial da União, Poder Executivo, Brasília-DF, 21 de agosto de 1997. Seção 1, pp. 18227-18228.

7. Legalidade e caráter ético da suspensão de procedimentos em caso de morte encefálica do não doador

A Resolução n° 1.826, de 24 de outubro de 2007, do Conselho Federal de Medicina, dispõe sobre a legalidade e o caráter ético da suspensão dos procedimentos de suportes terapêuticos quando da determinação de morte encefálica de indivíduo não doador.

Assim, considerando o art. 1°, inciso III, da Constituição Federal, que elegeu o princípio da dignidade da pessoa humana como um dos fundamentos da República Federativa do Brasil; a Lei n° 9.434, de 4 de fevereiro de 1997 e Resolução CFM n° 1.480, de 21 de agosto de 1997 a Resolução n° 1.826 estabelece que: "É legal e ética a suspensão dos procedimentos de suportes terapêuticos quando determinada a morte encefálica em não doador de órgãos, tecidos e partes do corpo humano para fins de transplante". É afirmativo da Resolução n° 1.826: "O cumprimento da decisão mencionada no *caput* deve ser precedida de comunicação e esclarecimento sobre a morte encefálica aos familiares do paciente ou seu representante legal, fundamentada e registrada no prontuário".[171]

---

171 BRASIL. Conselho Federal de Medicina. Resolução n° 1.826, de 24 de outubro de 2007. Dispõe sobre a legalidade e o caráter ético da suspensão dos procedimentos de suportes terapêuticos quando da determinação de morte encefálica de indivíduo não doador. Diário Oficial da União, Poder Executivo, Brasília-DF, 6 de dezembro de 2007, p. 133.

152

A despeito da segurança ética e jurídica para o médico assistente do paciente trazida pela Resolução n° 1.826 do Conselho Federal de Medicina que estabelece as normas para os casos de pacientes diagnosticados como morte encefálica e que não são doadores de órgãos ou tecidos, na prática acontecem algumas dificuldades: de um lado, em grande parte dos casos o médico não consegue explicar adequadamente o diagnóstico de morte encefálica para os familiares do paciente; de outro lado a legislação estabelece que a família ou o responsável legal deva estar suficientemente esclarecida da situação, isto é, deve estar ciente de que seu ente familiar está morto. Na tentativa de superar as dificuldades recomenda-se que se defina um local adequado para realização da entrevista entre o médico e os familiares, evitando locais próximos às unidades de terapia intensiva onde em geral o paciente está internado; a sala escolhida tenha o conforto e a privacidade necessária para o acolhimento da família e que o médico seja acompanhado de outros profissionais envolvidos com o atendimento ao paciente e aos familiares.

8. A ética da manipulação de cadáveres

Ao se tratar da manipulação de cadáveres cabe uma breve introdução sobre o conceito de morte e a definição de cadáver.

Por muito tempo a morte foi considerada uma ocorrência súbita caracterizada pela interrupção total das atividades vitais. Em especial, o homem comum entendia a morte como a parada do coração, cientificamente, a cessação irreversível da circulação e da respiração significava o fim da vida – a morte.

Essa conceituação sofreu modificação, especialmente depois da criação das unidades de terapia intensiva (UTIs) e quando surgiram os estados comatosos consequentes à reversão da parada cardiorrespiratória, nos anos 1960, por meio da massagem cardíaca e a instituição de ventilação artificial. Durante esse período pode-se observar não somente que se poderia sobreviver temporariamente com dispositivos mecânicos que substituíam a função dos órgãos, mas que sua substituição por órgãos transplantados permitiria a sobrevivência durante anos. Os transplantes romperam uma barreira conceitual introduzindo a noção de morte cerebral, como critério de morte da pessoa humana com possível disponibilidade de órgãos e tecidos do seu corpo.

A exemplo do que ocorre com a morte celular – quando não se pode precisar o ponto de não retorno – entre a vida e a morte estabeleceu-se um processo, uma sequência de eventos. A ocorrência da morte deixa de ser considerada um fenômeno súbito, terminal e passa a situar-se como polo de um processo de terminalidade.

A morte cerebral – posteriormente encefálica – adquiriu um estatuto próprio e sua definição passou a ser estabelecida por lei e normas complementares.

A disponibilidade de órgãos e tecidos para o transplante ou de outro modo: a valorização do corpo humano como reserva e fonte de órgãos e tecidos para fins de transplantes, podem suscitar dificuldades éticas e jurídicas pelo fato de que o corpo é, por princípio, inviolável e inalienável. No caso do transplante surgiu a figura do doador e de seu consentimento.

Os avanços científicos trouxeram uma valorização crescente do corpo humano – cadáver.

Nos dicionários, cadáver é definido como: "corpo humano ou animal após a morte e também, qualquer coisa extinta ou obsoleta. Pessoa que, embora ainda em condições da andar, pelo seu aspecto doentio ou decadente, parecer estar próximo à morte".

O cadáver passa a ser visto como depositário de possível alternativa de suporte de outra vida. Percebe-se, portanto, uma mudança importante no valor do corpo humano.

Como material anatômico – peças anatômicas – de uso para fins didáticos ou científicos passa a ter uma finalidade terapêutica.

Do ponto de vista da afetividade, o cadáver pertence à família que trata das solenidades do luto e em obediência às normas legais e sanitárias do sepultamento.

Em qualquer momento, o Estado tem direito a posse do cadáver – o cadáver pertence ao Estado.

O cadáver não pode ser vendido: é inacessível aos negócios habituais – é *res extra commercium*. O corpo humano é de natureza extrapatrimonial.

Pode ocorrer à pessoa ceder seu cadáver a uma instituição científica. Em nosso meio não é muito frequente. Quando isso ocorre deverá haver manifestação explícita e vinculante da pessoa que cede. Não havendo essa disposição a família jamais poderá ceder a uma instituição o cadáver do morto – essa regra é absoluta.

Uma pequena digressão (desvio do tema principal, divagação): a complexa definição do que significa um ser humano, sobretudo, tomando o conceito de vida como sendo as relações entre seres e desses com o meio em que vivem podemos considerar que o cadáver já não é mais uma pessoa. Passa a constituir-se uma "coisa". Esse é um conceito jurídico: se não pode ser pessoa é, portanto, coisa. A pessoa natural termina com a morte – é a morte real.

9. Legislação sobre a morte

Código Civil:[172]

Art. 6° – A existência da pessoa natural termina com a morte;

Art. 9° – Serão inscritos em registro público: óbitos;

Art. 1.571 – A sociedade conjugal termina: pela morte de um dos cônjuges;

Código Penal:[173]

Art. 107 – Extingue-se a punibilidade: pela morte do agente;

---

172   BRASIL. Lei n° 10.406, de 10 de janeiro de 2002. Institui o Código Civil. Diário Oficial da União, Poder Executivo, Brasília-DF, 11 de janeiro de 2002. Seção 1, p. 1.

173   BRASIL. Decreto-Lei n° 2.848, de 7 de dezembro de 1940. Código penal. Diário Oficial da União, Poder Executivo, 31 de dezembro de 1940, p. 2391. Disponível em:
<www.planalto.gov.br/ccivil_03/decreto-lei/del2848compilado.htm>.
Acesso em: 26 de maio de 2014.

Art. 121 – Matar alguém: pena – reclusão, de seis a vinte anos;

Sobre cadáver não reclamado a lei n° 8.501/1992,[174] dispõe:

Art. 2° – O cadáver não reclamado junto às autoridades públicas, no prazo de trinta dias, poderá ser destinado às escolas de medicina, para fins de ensino e de pesquisa de caráter científico.

Por outro lado já em 1932 o Decreto n° 20.931[175] dispunha que:

Art. 16 – É vedado ao médico: atestar o óbito de pessoa a quem não tenha prestado assistência médica.

10. Terminalidade da vida

O conceito rigoroso de morte, nas situações em que medidas de suporte de vida são adotadas, oferece grande dificuldade.

As doenças incuráveis ou aquelas que, em determinado momento evolutivo, não respondem às medidas

---

174 BRASIL. Lei n° 8.501, de 30 de novembro de 1992. Dispõe sobre a utilização de cadáver não reclamado, para fins de estudos ou pesquisas científicas, e dá outras providências. Diário Oficial da União, Poder Executivo, Brasília-DF, 1 de dezembro de 1992. Seção 1, p. 16519. Diário Oficial da União, Poder Executivo, Brasília-DF, 15 de dezembro de 1992, Seção 1, p. retificação.

175 BRASIL. Decreto n° 20.931, de 11 de janeiro de 1932. Regula e fiscaliza o exercício da medicina, da odontologia, da medicina veterinária e das profissões de farmacêutico, parteira e enfermeira, no Brasil, e estabelece penas. Diário Oficial da União, (Rio de Janeiro), 15 de janeiro de 1932, pp. 885-887.

terapêuticas adotadas dificultam as interpretações dos sinais vitais do paciente.

Se por um lado, o diagnóstico médico-legal de morte relaciona-se com os fenômenos abióticos que levam a lesões irreversíveis aos órgãos e tecidos, por outro lado, os avanços da tecnociência têm permitido a substituição, ainda que temporária, de uma determinada função de um órgão possibilitando, às vezes, sua recuperação.

Portanto, a morte deverá ser entendida na complexidade do fenômeno vida. São dois estados que se excluem mutuamente – estar vivo e estar morto –, sem que caiba um meio termo. Definido um, estará conceituado o outro como corolário.

11. Morte e vida celular

Pode-se, claramente, estabelecer as diferenças entre uma célula viva e uma célula morta – a dificuldade fica por conta de estabelecer o momento em que se dá a transição de vida para a morte. A integridade da membrana celular, o metabolismo energético e a síntese de proteínas compõem um sistema de manutenção da vida e a integração de todas as funções celulares pode ser chamada de vida.

Portanto, morte é a desintegração desse sistema – a necrose celular. Exemplo: infarto agudo do miocárdio.

Infarto agudo do miocárdio: a interrupção do fluxo sanguíneo em uma artéria coronariana com lesão obstrutiva tem como consequência a redução da nutrição e da oxigenação do tecido muscular cardíaco. As tentativas de utilização de uma via anaeróbica para preservação do metabolismo celular, dependendo do grau de obstrução da artéria coronária pode não resultar em compensação da falta de oxigenação adequada. A célula muscular entra em sofrimento, em pouco tempo, surgem alterações mitocondriais seguida de ruptura da membrana celular e necrose celular. Necrose celular é morte celular – o resultado é irreversível.

O corpo humano é o resultado da composição e harmonização de um incontável número de células que se organizam em tecidos, órgãos e sistemas controlados e integrados num estado harmônico definido como: higidez.

O estado de higidez não é absoluto – o corpo humano pode sobreviver sem algumas de suas funções, algum órgão ou mesmo sem algum segmento do corpo. Atualmente isso é bem observado, em decorrência dos avanços da tecnociência, nas substituições temporárias ou permanentes de órgãos: diálise, transplantes, implante de próteses e órteses etc.

Não obstante, mudanças de referenciais de integridade e higidez do corpo humano ainda prevalece o conceito de funções vitais que, de alguma maneira, possibilita a harmonia do conjunto do corpo e que quando suprimida causam um grau de disfunção incompatível com a vida – a morte é inevitável. É assim, com a respiração e circulação sanguínea.

Assim como na morte celular não se poder precisar quando é irreversível o fenômeno, no caso da morte da pessoa é maior a dificuldade, especialmente se as funções vitais forem, de alguma forma, sendo substituídas ou complementadas por algum tipo de procedimento, instrumento ou terapia.

Nos últimos tempos tem havido uma dificuldade de entender o fenômeno da morte em diversas situações, especialmente, quando se reconhece que o doente encontra-se em fase conhecida como terminal de vida, e essa dificuldade tem gerado um grande debate que envolve as pessoas do meio científico ou não.

Transformadas em tragédias pessoais e familiares as questões relacionadas com a terminalidade da vida, especialmente por ultrapassarem os limites da coisa confidencial, invadindo terreno movediço entre um coletivo sensacionalista manipulado pela mídia ou interesse de grupos e a privacidade discreta das pessoas.

Como podem a medicina, a ética e a lei tratar essas questões é o grande desafio.

De todas as maneiras é preciso entender que na Medicina, não se pode fazer uma separação tão dramática ou tão pontual entre o que é a vida e o que é a morte. É preciso entender esse processo: a pessoa nasce, vive e morre. É um processo natural. Às vezes, com relação à morte, existe um cruzamento ou avanço de um fato sobre o outro. Às vezes temos pacientes que apresentam uma lesão cerebral importantíssima, como no caso da morte encefálica em que o indivíduo não tem nenhuma atividade cerebral, e de relação com o seu ambiente mas existe a preservação de outros órgãos quando essa pessoa recebe algum tipo de suporte de vida.

No caso da morte encefálica, que é constatada através de um diagnóstico preciso, com vários testes e exames, não existe nenhuma atividade do córtex cerebral e nenhuma atividade do tronco cerebral, responsável pela respiração do indivíduo, este está morto.

No caso de vida vegetativa, permanente, pode haver uma atividade do tronco cerebral e o paciente pode respirar espontaneamente e apresenta reflexos de tosse, mastigação e a abertura ocular espontânea. O nível de consciência nas duas situações pode ser considerado zero, mas ele está vivo do ponto de vista de diagnóstico de morte encefálica – não preenche critérios de morte.

Há sempre a dúvida se essa pessoa pode pensar. É preciso entender que o pensar é mais profundo. Ao fazermos uma arteriografia cerebral para o diagnóstico das condições vasculares de irrigação do tecido cerebral e não se tem distribuição do contraste para o cérebro, pode-se afirmar que não há nenhum tipo de atividade da célula ou do tecido cerebral. Se não existe essa atividade, evidenciada por testes de sensíveis, não haverá um tipo de atividade para o lado do pensamento. O pensamento é a condição mais complexa do cérebro. Deve existir uma integridade muito grande das células do sistema nervoso central para que haja o pensamento.

Naturalmente, decorre que ao conceituarmos vida é preciso levar em consideração a integridade das células e, sobretudo, como essa integridade das células, a integridade do indivíduo permite que ele se relacione com o seu meio qualificando sua vida.

Não ocorrendo essa vida com qualidade de vida humana, pergunta-se: qual alternativa existe?

O médico em geral assume uma posição de enfrentamento da situação, a morte é considerada "o maior adversário". Pode decorrer desse posicionamento uma "luta desenfreada" pela manutenção da vida a qualquer pretexto, às vezes, indiferente à vontade do doente e de seus familiares. Estabelece-se uma condição de intransigência do médico quanto à real possibilidade de morte do doente. A atitude do médico pode trazer como consequência uma agonia prolongada com dor e sofrimento do doente e de seus familiares. Pessini chama essa situação de distanásia e define como uma forma de prolongar a vida de modo artificial, sem perspectiva de cura ou melhora.

A alternativa em amplo debate, no meio dos profissionais de saúde e na sociedade, diz respeito a um conjunto de atitudes e procedimentos que levando em consideração a integridade da pessoa respeita seus direitos, sua autonomia de definir e decidir sobre sua morte.

Especialmente considerando a retirada e suspensão de tratamentos dolorosos, inúteis e dispendiosos de manutenção de vida, possibilitando que o doente e seus familiares compartilhem sobre o destino daquele que está em fase terminal de uma doença grave e incurável.

Por fim, as situações acima descritas como de terminalidade de vida (morte encefálica e fase terminal de uma doença grave e incurável) convergem quando se considerada a necessária abordagem da família.

A família de uma pessoa nessas condições deve ser vista de uma maneira ampliada. Quando tratamos de família, quando pensamos na relação médico-paciente, estamos pensando no paciente, no pai, na mãe, no marido, nos filhos etc. Mas, o que se pretende é ampliar esse conceito de família para as pessoas que realmente têm uma preocupação com aquele paciente, como o padre, o rabino, o pastor, o amigo, a enfermeira, o vizinho etc. Temos de tomar muito cuidado com essa questão da família, por exemplo, quando tratamos de pacientes aidéticos terminais. Qual é a pessoa que deve ser chamada naquele momento: é o companheiro dele ou a companheira dela? Se ampliarmos esse conceito fica mais fácil discutirmos esse problema na sociedade e assumirmos nossa condição ética de cidadãos e cidadãs.

Questões Éticas

1) A quem compete a obrigatoriedade ou não da divulgação dos nomes dos doadores de órgãos e tecidos aos receptores?

Resposta: A privacidade de um indivíduo é um princípio constitucional amplamente protegido pelo direito público, constante da Constituição Brasileira e regulamentado pelo Código Penal. Na esfera da profissão médica é um dos pilares hipocráticos. Contudo, atualmente não é tido como um conceito absoluto, visto que é admitida a revelação de segredo por justa causa, dever legal ou autorização expressa do paciente ou de seus representantes legais.

O Código de Ética Médica trata em seu capítulo IX, sobre segredo médico, em seu artigo 73, referindo que, é vedado ao médico "Revelar fato de que tenha conhecimento em virtude do exercício de sua profissão, salvo por motivo justo, dever legal ou consentimento, por escrito, do paciente".

Parágrafo único. Permanece essa proibição:

a) Mesmo que o fato seja de conhecimento público ou o paciente tenha falecido;

b) Quando de seu depoimento como testemunha. Nessa hipótese, o médico comparecerá perante a autoridade e declarará seu impedimento;

c) Na investigação de suspeita de crime, o médico estará impedido de revelar segredo que possa expor o paciente a processo penal.

Mas não há menção específica sobre o segredo médico na situação de transplantes, no capítulo do Código de Ética Médica que trata especificamente do assunto: Capítulo VI – Doação e Transplante de Órgãos e Tecidos.

É fato conhecido que a divulgação de doações de órgãos através da imprensa parece ter funcionado positivamente nas campanhas de incentivo à doação de órgãos por parte da população. Porém, não há dados científicos que comprovem essa situação.

Considerando-se os artigos supracitados do Código de Ética Médica e a legislação vigente, que permitem uma interpretação para a finalidade de transplantes de órgãos e tecidos, pode-se responder especificamente aos questionamentos propostos:

2) É ético e legal que sejam divulgados os nomes de doadores de órgãos e tecidos aos receptores ou nomes dos receptores aos familiares do doador falecido?

Resposta: Não. A revelação nessa situação não se enquadra nem como justa causa, nem como dever legal. Nesse caso, para que houvesse a revelação seria necessário o desejo manifesto assim como a autorização e concordância prévia tanto dos responsáveis legais do doador como do receptor (ou seus representantes legais);

MORTE CEREBRAL E TRANSPLANTE DE ÓRGÃOS | 165

3) É ética e legal que essa comunicação seja realizada mesmo com a anuência de ambas as partes envolvidas (familiares do doador e receptor ou receptores)?

Resposta: Desde que com a concordância de TODAS as partes envolvidas, não ocorre violação ética ou legal. Salienta-se que se houver discordância de qualquer uma das partes envolvidas a comunicação perde seu caráter ético e legal. Recomenda-se aos médicos não estimular essa situação, mas somente dar a conduta adequada caso seja esse o desejo de todos os envolvidos, assegurando-se o máximo possível disso.

4) Sendo possível essa comunicação, quem deverá intermediar a informação entre os envolvidos?

Resposta: A um ou mais membros da equipe de transplantes, com habilitação profissional para fazê-lo (profissional com formação acadêmica na área da saúde), após indicação e anuência do chefe ou responsável pela equipe.

5) Caso ocorram conflitos e outros desdobramentos negativos decorrentes da divulgação da identidade de doadores e de seus familiares, receptores e de seus familiares, quem deverá fazer cargo desses conflitos?

Resposta: Desde que ambas as partes envolvidas tenham concordado com a divulgação, aqueles que autorizaram a divulgação devem responder por suas consequências. No caso de alguma das partes não ter concordado com a divulgação e esta ocorrer, aquele(s) que a efetuou(aram) deve(m) responder pelo fato civil e criminalmente.

6) Os meios de comunicação podem tornar pública a identidade de doadores e receptores independente do desejo ou conhecimento dos envolvidos (familiares do doador e receptores)?

Resposta: Os médicos jamais devem colaborar para que essa situação ocorra, quer fornecendo a informação ou facilitando o acesso a ela. O fato de tornar pública a identidade de doadores ou receptores, independente do desejo dos envolvidos constitui violação ética para os profissionais médicos. Cabe salientar que os profissionais de meios de comunicação envolvidos nessa situação responderão por esse ato nas alçadas civil e criminal.

Assim, conclui-se que médicos não devem revelar a identidade de doadores ou receptores de transplantes de órgãos e tecidos tanto para familiares como para o público em geral, a não ser que haja o desejo, assim como a autorização expressa e devidamente informada de todos os envolvidos na situação. Deve responder civil e criminalmente aquele que violar essa conduta, incluindo o fato de que se esse for médico, ainda incorre em infração ética sujeita a penalização.

7) Qual o momento em que deve ser emitido o atestado de óbito de doador cadáver, com quadro de morte encefálica de causa natural conhecida, transferido para a retirada de órgãos a outro hospital, e por quem deve ser emitido o atestado de óbito nesses casos?

Resposta: Considerando-se a importância ética e legal da questão, deve-se observar diferentes normas para esclarecimento da situação.

A publicação conjunta do Ministério da Saúde e do Conselho Federal de Medicina intitulada "A declaração de óbito: documento necessário e importante", do ano de 2006, contém em suas páginas 25 e 26 o esclarecimento sobre a responsabilidade de emitir a declaração de óbito (DO) de doente transferido de hospital, clínica ou ambulatório para hospital de referência, que morre no trajeto. Coloca-se que "se o doente foi transferido sem o acompanhamento de um médico, mas com relatório médico que possibilite a conclusão do diagnóstico da causa de morte, a Declaração de Óbito poderá ser emitida pelo médico que recebeu o doente já em óbito, ou pelo médico que o encaminhou. Porém, se o relatório não permitir a conclusão da causa da morte, o corpo será encaminhado ao SVO, ou, em caso de morte suspeita, ao IML".

Como a publicação citada não trata do caso específico do motivo da Consulta, e deixa em aberto a responsabilidade da emissão da Declaração de Óbito quando o indivíduo é encaminhado com relatório médico que possibilita a conclusão do diagnóstico da causa de morte, deve-se considerar que:

a) A Resolução n° 1.480, do CFM, de 08/08/1997, que trata da caracterização da morte encefálica, em seu art. 3°, define que: "A morte encefálica deverá ser consequência de processo irreversível e de causa conhecida";

b) A Resolução n° 1.779, do CFM, de 11/11/2005, que regulamenta a responsabilidade médica no fornecimento da DO, em seu art. 1°, coloca: "o preenchimento dos dados constantes na Declaração de Óbito é da responsabilidade do médico que atestou a morte" e em seu art. 2°, item 1.II coloca "A Declaração de Óbito deverá ser fornecida, sempre que possível, pelo médico que vinha prestando assistência ao paciente" e "A Declaração de Óbito do paciente internado sob regime hospitalar deverá ser fornecida pelo médico assistente e, na sua falta por médico substituto pertencente à instituição";

c) O Código de Ética Médica em seu artigo 84, define que é vedado ao médico: "deixar de atestar óbito de paciente ao qual vinha prestando assistência, exceto quando houver indícios de morte violenta";

d) O Parecer Consulta n° 8.563/00-CFM (42/01) coloca ainda que a hora do óbito será considerada aquela registrada no Termo de Declaração de Morte Encefálica preenchido e assinado, de acordo com a Resolução CFM 1.480/97, para ser anexado ao prontuário do paciente, ou seja, na instituição onde o diagnóstico de morte encefálica foi efetivado;

e) Historicamente, desde a primeira normatização sobre morte encefálica elaborada em 1968 na Harvard Medical Sacholo (Estados Unidos), há a recomendação ética de que médicos envolvidos em equipes de transplantes de órgãos não deveriam participar do diagnóstico do quadro de morte encefálica.

Assim, pode-se verificar que, sendo obrigatório que a morte encefálica tenha causa conhecida e o fato de que é responsabilidade do médico que atestou a morte o preenchimento dos dados da Declaração de Óbito, ou em sua falta, do médico substituto da mesma instituição, a conclusão é de que os médicos, inclusive plantonistas, que constatarem eventos de morte encefálica deveriam emitir a Declaração de Óbito para encaminhar o corpo para doação de órgãos.

Não seria recomendável que os médicos da instituição responsável pelo transplante participem da elaboração da Declaração de Óbito, que é uma extensão do ato médico do diagnóstico de morte encefálica, ocorrida em outra instituição.

A emissão da Declaração de Óbito na instituição onde a morte encefálica foi constatada é o que torna oficial a morte do indivíduo e só então o coloca na situação de doador-cadáver que permite sua transferência para a instituição responsável pela retirada dos órgãos para transplante.

Nota ao Texto
(Capítulo V)

Neste volume estão reunidos e retrabalhados materiais já em parte publicados. Aqui se indica, a seguir, em ordem cronológica, a colocação originária.

Un Passo Indietro e Due Avanti. Peter Singer e i Trapianti. Em: *Bioética* 2 (2002), pp. 226-247.

La Morte Cerebrale è Entrata in "Crisi Irreversibile"? Em: *Politica del Diritto* XXXIV, 4 (2003), pp. 653-678 (colaboração BARCARO, R.).

I Morti Cerebrasi Sono Veramente Morti Quando Preleviamo i Loro Organi? Em: *I Servizi Funerari* III, 3 (2004), pp. 56-62.

Luci ed Ombre sulla Morte Cerebrale. L'Affermazione della Nuova Definizione di Morte e la sua Attuale Crisi. Em: PRODROMO, R. (org.) *Progressi Biomedici tra Pluralismo Etico e Regole Giuridiche*. Torino, 2005, pp. 235-262 (colaboração BARCARO, R.).

La Posizione della Chiesa Cattolica Sul Trapianto di Organi da Cadavere. Em: *Asprenas* 52 (2005), pp. 389-401, e também, com variantes. Em: R*ivista di Filosofia dei Diritti Umani. Philosophy of Human Rights* VIII, 22 (2006), pp. 10-17.

Quando Moriamo? Em: *I Servizi Funerari* 1 (2006), pp. 46-51.

Hans Jonas, la Nuova Definizione di Morte e il Problema

del Trapianto di Organi. Una Prima Approssimazione, em: *Ragion Pratica* 27 (2006), pp. 501-514, também em: *Filosofia e Teologia* (2006), pp. 147-162.

Morte Cerebrale Totale. Il Fragile Successo di una Nuova Definizione della Morte. Em: *Humanitas* LXII, 1 (2007), pp. 161-173.

Morti Cerebrali – Cadaveri? Em: *Politica del Diritto* XXXVIII, 3 (2007), pp. 471-485.

Referências bibliográficas

A Definition of Irreversible Coma. Report of the Ad Hoc Committee of the Harvard Medical School to Examine Brain Death. Em: *Journal of the American Medical Association*, 205 (1968), pp. 337-340.

An Appraisal of the Criteria of Cerebrale Death. A Summary Statement: A Collaborative Study. Em: *Journal of the American Medical Association*, 237 (1977), pp. 982-986.

ANILE, C.; MAIRA G. Biologia e Fenomenologia della Morte Cerebrale. Em: *Medicina e Morale*. XXXVI, 3 (1986), pp. 500-507.

ACH, J.S.; QUANTE, M. (Hg.). *Hirntod und Organverpflanzung: Ethische, Medizinische, Psychologische und Rechtliche Aspekte der Transplantationsmedizin*. Stuttgart, 1997.

BALDISSERA, F. "Morte dell'uomo o Morte della Persona?", em: *Bioetica* I, 2 (1993), pp. 236-246.

BARCARO, R. La Morte Cerebrale Totale è la Morte dell'Organismo? Appunti per una Riflessione Critica. Em: *Materiali per una Storia della Cultura Giuridica*. XXXV, 2 (2005), pp. 479-497.

BARCARO, R., BECCHI, P. Morte Cerebrale e Trapianto d'Organi. Em: MACELLARI, G. e BATTAGLIA, L. *Bioética Chirurgica e Medica*. Noceto (Pr): 2002, pp. 87-103.

BARCARO, R.; BECCHI, P. Recenti Sviluppi nel Dibattito sulla Morte Cerebrale e il Trapianto di Organi. Em: *Bioética*. XII, 2004, pp. 25-44.

BARCARO, R.; BECCHI, P. (eds.) *Questioni Mortali. L'attuale Dibattito sulla Morte Cerebrale e Il Problema dei Trapianti*. Napoli: 2004.

BECCHI, P. *La Morte nell'età della Tecnica. Lineamenti di Tanatologia Etica e Giuridica*. Genova, 2002.

BERANT, J.L. The Definition, Criterion, and Statute of Death. Em: *Seminars of Neurology,* 4 (1984), pp. 45-51.

BERNAT, J.L. Brain Death Occurs Only with Destruction of the Cerebral Hemispheres and the Brain Stem. Em: *Archives of Neurology,* 49 (1992), pp. 569-570.

BERNAT, J.L. How Much of the Brain Must Die in Brain Death? Em: *Journal of Clinical Ethics,* 3 (1992), pp. 21-26.

BERNAT, J.L. A Defense of the Whole Brain Concept of Death. Em: *Hastings Center Report.* VIII, 2 (1998), pp. 14-23.

BERNAT, J.L. Refinements in the Definition and Criterion of Death. Em: YOUNGNER, S. J.; ARNOLD, R. M; SHAPIRO, R. (eds.) *The Definition of Death. Contemporary Controversies,* cit., pp. 83-92.

BERNAT, J.L. *et al.* On Definition and Criteria of Death. Em: *Annals of Internal Medicine.* XCIV, 3 (1981), pp. 389-394.

BERNSTEIN, I. M. *et al.* Maternal Brain Death and Prolonged Fetal Survival. Em: *Obstetrics & Gynaecology,* 74 (1989), pp. 434-437.

BONDOLFI, A.; KOSTKA, U., SEELMANN, K. (Hg.), *Hirntod und Organspende.* Basel, 2003.

BONELLI, J., *et al.,* Brain Death: Understanding the Organism as a Whole. Em: *Medicina e Morale,* XLIX, 3 (1999), pp. 497-515.

BOMPIANI; A.; SGRECCIA, E. (orgs). *Trapianti di Organo.* Milano, 1989.

CAPRON, A.M. Legal and Ethical Problems in Decisions for Death. Em: *Law, Medicine and Health Care,* XIV, pp. 3-4 (1986), pp. 141-144.

CAPRON, A.M. *"Brain Death. Well Settled yet Still Unresolved"* Em: *New England Journal of Medicine,* CCCXLIV, 16 (2001), pp. 1244-1246.

CARRASCO de P. I., *Il* Problema Filosofico ed Epistemologico della

Morte Cerebrale. Em: *Medicina e Morale*, XLIII, 5 (1993), pp. 889-902.

CATHERWOOD, J.F. Rosencrantz and Guildenstern are dead? Em: *Journal of Medical Ethics*, 18 (1992), pp. 34-39.

CATTORINI, P.; REICHLIN, M. La Definizione di Morte e il Trattamento dei Pazienti in Stato Vegetativo Persistente. Em: CATTORINI, P.; MORDACCI, R.; REICHLIN, M (eds.). *Introduzione allo Studio della Bioética*. Milano, 1996, pp. 423-458.

COLE, D.J. The Reversibility of Death. Em: *Journal of Medical Ethics*, 18 (1992), pp. 26-30.

Comitato Nazionale per la Bioética. *Defnizione e Accertamento della Morte nell' Uomo*. Presidenza del Consiglio dei Ministri, Roma, 1991.

Comitato Nazionale per la Bioética. *Donazione d'Organo ai Fini di Trapianto*. Presidenza del Consiglio dei Ministri, Roma, 1991.

Conference of Medical Royal Colleges and their Faculties in the United Kingdom. Diagnosis of Brain Death. Em: *Lancet,* 2 (1976), pp. 1069-1070.

Conference of Medical Royal Colleges and their Faculties in the United Kingdom, Diagnosis of Death. Em: *Lancet*, 1 (1979), pp. 261-262.

CRANFORD, R.E. Definition and Determination of Death: Criteria for Death, Em: REICH, W. T. (ed.). *Encyclopedia of Bioethics*, cit., pp. 529-534.

CRANFORD, R.E. The Diagnosis of Brain Death. Em: *New England Journal of Medicine*, 345, 8 (2001), p. 616.

D'AGOSTINO, F. *La Fine della Vita Umana: Problem Bioetici*. Em: D'AGOSTINO, F. *Bioética nella Prospettiva della Filosofia del Diritto*. Torino, 1996, pp. 173-188.

D'OOFRIO, F. Definizione e Accertamento della Morte nell'Uomo.

Note in Margine al Documento del Comitato Nazionale per la Bioética. Em: *Medicina e Morale* XLI, 3 (1991), pp. 469-472.

D'ONOFRIO, F. Luci ed Ombre nella Diagnosi di Morte Cerebrale. Em: *Medicina e Morale*. XLI, 1 (1991), pp. 59-71.

D'ONOFRIO, F. Morte Cerebrale: Riflessioni. Em: *Medicina e Morale*, XXXVI, 1 (1986), pp. 73-78.

DAGI, T.; KAUFMAN, R. Clarifying the Discussion of Brain Death. Em: *Journal of Medicine and Philosophy*, XXVI, 3 (2001), pp. 503-525.

DANISH COUNCIL of ETHICS. *Death Criteria. A Report.* Copenhagen 1989. Tradução italiana em: BARCARO, R; BECCHI, P. (orgs.). *Questioni Mortali. L'attuale Dibattito sulla Morte Cerebrale e il Problema dei Trapianti*, cit., pp. 253-296.

CORREA DE DIOS VIAL, J.; SGRECCIA, E. (orgs.), *The Dignity of the Dying Person. Proceedings of the Fifth Assembly of the Pontifical Academy for Life*. Città del Vaticano, 2000.

DEFANTI, C.A. Riflessioni sul Concetto di Morte Cerebrale. Em MORI, M (ed.). *La Bioética. Questioni Morali e Politiche per il Futuro dell'omo*.

DEFANTI, C.A. È Opportuno Ridefinire la Morte?, em: *Bioética* I, 2 (1993), pp. 211-225.

DEFANTI, C.A. Sugli Stati di Confine (brain death, brain life) e sull'Identità Personale nelle Malattie Cerebrali. Em: VIAFORA, C. (ed.). *La Bioética All\Ricerca della Persona Negli stati di Confine*, cit., pp. 53-75.

DEFANTI C.A. Brain Death. Em: CHADWICK, R. (ed.). *Encyclopedia of Applied Ethics*, San Diego, 1004, pp. 369-376.

DEFANTI, C.A. *Vivo o Morto? La Storia della Morte nella Medicina Moderna*. Milano, 1999.

DEFANTI, C.A. Lo Stato Vegetativo Persistente: un Appello alla Nostra Responsabilità. Em: *Bioética* VIII, 1 (2000), pp. 50-59.

DEFANTI, C.A. La Morte Cerebrale Come Paradigma della Bioética. Em: BARCARO, R; BECCHI, P. (orgs.). *Questioni Mortali. L'attuale Dibattito sulla Morte Cerebrale e Il Problema dei Trapianti*, cit., pp. 231-250.

MATTEI, R. de. (ed.). *Finis Vitae. Is Brain Death Still Life?* Soveria Mannelli, 2006 (Tradução italiana *Finis Vitae. La Morte Cerebrale è Ancora vita?* Soveria Mannelli, 2007).

DE MERCURRIO, D. La Morte Cerebrale. Aspetti Medico-Legali. Em: *Medicina e Morale,* XXXVI, 3 (1986), pp. 527-532.

DI ROCCO, C. La Morte Cerebrale nel Neonato e nel Neonato conAnencefalia. Em: *Medicina e Morale* XLIII, 5 (1993), pp. 933-944.

DIRINGER, M.N.; WIJDICKS, E.F.M. Brain Death in Historical Perspective. Em WIJDICKS, E.F.M. (ed.), *Brain Death*, cit., pp. 5-27.

DOIG, C.J.; BURGESS, F. Brain Death: Resolving Inconsistencies in the Ethical Declaration of Death. Em: *Canadian Journal of Anesthesia* 1, 7 (2003), pp. 725-731.

DUBOIS, J.M. Different Viewpoints. Is Organ Procurement Causing the Death of Patients? Em: *Issues in Law and Medicine,* XVIII, 1 (2002), pp. 21-41.

EDWARDS, S.D.; FORBES, K. Nursing Practice and the Definition of Human Death. Em: *Nursing Inquiry* X, 4 (2003), pp. 229-235.

EMANUEL, L.L. Reexamining Death. The Asymptotic Model and a Bounded Zone Definition. Em: Hastings Center Report XXV, 4 (1995), pp. 27-35.

EMERY, S.F.; ROBERTSON, K.M. Organ Procurement and Preparation for Transplantation. Em WIJDICKS, E.F.M. (ed.) *Brain Death*, cit., pp. 189-213.

EVAMS, D.W.; HILL, D.J. The Brainstem of Organ Donors Are not Dead. Em: *Catholic Medical Quarterly* 40 (1989), pp. 113-121.

EVANS, M. Death in Denmark, Em: *Journal of Medical Ethics* 16 (1990), pp. 191-194.

FACCO, E., *et al.* Role of Short Latency Evoked Potentials in the Diagnosis of Brain Death. Em: *Clinical Neurophysiology,* 113 (2002), pp. 1855-1866.

FERRARI, D. Uno sguardo al Nord: trapianti e criteri di morte in Danimarca. Em: *Ragion Pratica* 19 (2002), pp. 149-178.

FIEL, D.R. *et al.* Maternal Brain Death During Pregnancy. Em: *Journal of the American Medical Association* 260 (1988), pp. 816-822.

FIORI, A.; DI PIETRO, M.L. Accertamento della Morte: Normativa Vigente e Prospettive Future. Em: *Medicina e Morale,* XLIII, 5 (1993), pp. 945-969.

FISCHER, J. Re-Examining Death: Against Higher Brain Criterion. Em: *Journal of Medical Ethics,* 25 (1999), pp. 473-476.

GERVAIS, K.G.; Advancing the Definition of Death: A Philosophical Essay. Em: *Medical Humanities Review* n. 2 (1989), pp. 7-19.

GERVAIS, K.G. Definition and Determination of Death: Philosophical and Theological Perspectives. Em: REICH, W. T. (ed.) *Encyclopedia of Bioethics,* cit., pp. 540-549.

GERVAIS, K.G. *Redefining Death* New Haven: Yale University Press, 1986.

GIACPMINI, M. A Change of Heart and a Change of Mind? Technology and the Redefinition of Death in 1968. Em: *Social Science and Medicine,* XLIV, 10 (1997), pp. 1466-1482.

GREEN, M.; WIKLER, D. Brain Death and Personal Identity. Em: *Philosophy and Public Affairs,* 9 (1980), pp. 105-133.

GRISEZ, G.; BOYLE, J. *Life and Death with Liberty and Justice. A Contribution to the Euthanasia Debate.* Notre Dame/London: 1979.

Grupo de Estudo "Bioética e Neurologia" da Sociedade Italiana de Neurologia, Alcune osservazioni sul documento del Comitato Nazionale per la Bioética: Definizione e accertamento della morte nell'uomo (15/02/1991). Em: *Bioética* I, 2 (1993), pp. 376-381.

Grupo de Estudo "Bioética e Neurologia" da Sociedade Italiana de Neurologia, Documento sullo stato vegetativo persistente. Em: *Bioética* I, 2 (1993), pp. 385-391.

Guidelines for the Determination of Death: Report of the Medical Consultants on the Diagnosis of Death to the President's Commission for the Study of Ethical Problems in Medicine and Biomedical and Behavioral Research. Em: *Journal of the American Medical Association,* 246 (1981), pp. 2184-2186.

HALEY, A. Beyond Brain Death? Em: *Journal of Medicine and Philosophy* XXVI, 3 (2001), pp. 493-501.

HALEVY, A.; BRODY, B. Brain Death: Reconciling Definitions, Criteria, and Tests. Em: Annals of Internal Medicine. CIXI, 6 (1993), pp. 519-525 (agora em: BARCARO, R.; BECCHI, P. (orgs.). *Questioni Mortali. L'attuale Dibattito sulla Morte Cerebrale e il Problema dei Trapianti,* cit., pp. 155-175).

HOFF, J. Em: der Schmitten J. (orgs.) *Wann ist der Mensch tot? Organsverpflanzung und Hirntod-Kriterium.* Reinbeck bei Hamburg, 1994.

HÖFFLING, W.; RIXEN, S. *Verfassungsfragen der Transplantationsmedizin. Hirntodkriterium und Transplantationsgesetz in Deutschland.* Tübingen, 1996.

HOLTHAUS, G. Die Pflege von Hirntoten aus der Sicht eines

Intensivpflegers. Em: *Ethik in der Medizin*, 12 (2000), pp. 247-256.

HOSHINO, K. Legal Status of Brain Death in Japan: Why Many Japanese Do Not Accept "Brain Death" as a Definition of Death? Em: *Bioethics* VII, 2/3 (1993), pp. 234-238.

JONAS, H. *Philosophical Essays: From Ancient Creed to Technological Man* (1974); tradução italiana. *Dalla fede Antica all'uomo Tecnologico. Saggi filosofici*. Bologna, 1991 (quanto à redefinição de morte, pp. 204-207, 209-220).

JONAS, H. *Technik, Medizin und Ethik. Zur Praxis des Prinzips Verantwortung* (1985), tradução italiana técnica, medicina ed etica. *Prassi del principio responsabilità*. Torino, Einaudi, 1997 (o estudo *Morte Cerebral e Banco de Órgãos Humanos: Sobre a Redefinição Pragmática da Morte* agora se acha em: BARCARO, R.; BECCHI, P. (orgs.). *Questioni Mortali. L'attuale Dibattito sulla Morte Cerebrale e Il Problema dei Trapianti*, cit., pp. 47-67).

JONAS, H. Brief an Hans-Bernhard Wuermeling. Em: HOFF, J. in der Schmitten (eds.), *Wann ist der Mensch tot? Organverpflanzung und 'Hirntod-Kriterium'*, cit., pp. 21-25, agora em: BARCARO, R.; BECCHI, P. (orgs.). Questioni *Mortali. L'attuale Dibattito sulla Morte Cerebrale e Il Problema dei Trapianti*, cit., pp. 69-76).

KANTOR, J. E.; HOSKINS, I. A. Brain Death in Pregnant Women. Em: *Journal of Clinical Ethics*, 4 (1993), pp. 308-314.

KARAKATSANIS, K. G.; TSANAKAS, J. N. A critique on the concept of "brain death". Em: *Issues in Law & Medicine* XVIII, 2 (2002), pp. 126-141.

KASS, L. R. Death as an Event: A Commentary on Robert Morison. Em: *Science* 173 (1971), pp. 698-702.

KAWAGUCHI, H. *Strafrechtliche Probleme der Organtransplantation in Japan.* Freiburg: i. B. 2000.

KIESECKER, R. *Die Schwangerschaft einer Toten. Strafrecht der Grenze von Leben und Tod der Erlanger und der Stuttgarter Baby-Fall.* Frankfurt a. M., 1996.

KLEIN, M. Hirntod: Vollständiger und Irreversibler Verlust aller Hirnfunktionen? Em: *Ethik in der Medizin* 7 (1995), pp. 6-15.

KLOTH, K. *Todesbestimmung und Postmortale Organentnahme. Juristische Probleme aus rechtsvergleichender Sicht.* Frankfurt a.M., 1996.

LAMB, D. Diagnosing Death. Em: *Philosophy and Public Affairs* 7 (1978), pp. 144-153.

LAMB, D. *Death, Brain Death and Ethics* (1985); tradução italiana, *Il Confine della Vita. Morte Cerebrale ed Etica dei Trapianti.* Bologna, 1987.

LAMB, D. *Organ Transplants and Ethics* (1990); tradução italiana *Etica e trapianto degli organi.* Bologna, 1995.

LAMB, D. Wanting it Both Ways. Em: *Journal of Medical Ethics* 16 (1990), pp. 8-9.

LIZZA, J. P. Defining Death for Persons and Human Organisms. Em: *Theoretical Medicine and Bioethics* 20 (1999), pp. 439-453.

LIZZA, J. P. Persons and death: What's metaphysically wrong with our current statutory definitions of death? Em: *Journal of Medicine and Philosophy* XVIII, 4 (1993), pp. 351-374.

MANNI, C. A Report on Cerebral Death. Em: CORREA DE DIOS VIAL, J.; SGRECCIA, E. (orgs.). *The Dignity of the Dying Person. Proceedings of the Fifth Assembly of the Pontifical Academy for Life,* cit., pp. 102-118.

MANNI, C. *L'accertamento Clinico della Morte: Valutazione delle*

Metodiche. Em: SGRECCIA, E.; SPAGNOLO, A. G.; DI PIETRO, M. L. (orgs.). *L'assistenza al Morente. Aspetti Socio-culturali, Medico-assistenziali e Pastorali,* cit., pp. 131-140.

MANNI, C. La Morte Cerebrale. Aspetti Scientifici e Problemi Etici. Em: *Medicina e Morale* XXXVI, 3 (1986), pp. 495-499.

MANNI, C. *et al.* La Morte Cerebrale: Aspetti Diagnostici. Em: *Medicina e Morale* XLIII, 5 (1993), pp. 903-917.

MANTOVANI, F. *I Trapianti e la Sperimentazione Umana nel Diritto Italiano e Straniero*. Padova, 1974.

MAZZA, S. Aspetti Neurologici della Morte Cerebrale. Em: *Medicina e Morale* XLIII, 5 (1993), pp. 919-932.

McCONNELL, J. R. III. The Ambiguity About Death in Japan: An Ethical Implication on Organ Procurement. Em: *Journal of Medical Ethics* 25 (1999), pp. 322-324.

McMAHAN, J. The Metaphysics of Brain Death. Em: *Bioethics* IX, 2 (1995), pp. 91-126.

MIGONE, L. Attuali Dibattiti sulla Morte cerebrale. Em: *Bioética,* vol. 2 (1997), pp. 372-390.

MILLER, A. S.; HAGIHARA, A. Organ Transplanting in Japan: The Debate Begins. Em: *Public Health* III (1997), pp. 367-372.

MOHANDAS, A.; CHOU, S. N. Brain death: A Clinical and Pathological Study. Em: *Journal of Neurosurgery.* 35 (1971), pp. 211-218.

MOLLARET, P.; GOULON, M. Le Coma Dépassé. Mémoire Préliminaire. Em: *Revue Neurologique* 101 (1959), pp. 3-15.

MORCARVALHO, B. *Morte e Persona. Un Dialogo fra Etica Medica, Bioética e Filosofia Morale*. Napoli, 1999.

MORI, M. Aborto e Trapianto: un analisi Filosofica Degli Argomenti Addotti nell Etica Medica Cattolica Recente sull Inizio e sulla Fine della Vita. Em: MORI, M. (org.). *Questioni di Bioética*. Roma, 1988, pp. 103-148.

MORIOKA, M. *Noshi no Hito (Brain Death Person)*. Tokio, 1989 (reimpressão 2000).

MORIOKA, M. Bioethics and Japanese Culture: Brain Death, Patient's Rights and Culture Factors. Em: *Eubios Journal of Asian and International Bioethics* 5 (1995), pp. 87-91.

MORIOKA, M. Two Aspects of Brain Dead Being. Em: *Eubios. Journal of Asian and International Bioethics* 10 (2000), pp. 10-11.

MORIOKA, M. Reconsidering Brain Death: A Lesson from Japan's Fifteen Years of Experience. Em: *Hastings Center Report* XXXI, 4 (2001), pp. 41-46.

MORISON, R. S. Death: Process or Event? Em: *Science* 173 (1971, pp. 694-698.

NANNINI, U. G. Quale "Unità" del Concetto di Morte? Una prospettiva giuridica, Em: *Bioethics* I, 2 (1993), pp. 247-270.

NANNINI, U. G. *Valori della Persona e Definizione Legale di Morte*. Padova, 1996.

NESPOR, S.; SANTOSUOSSSO, A.; SATOLLI, R. *Vita Morte e Miracoli: Medicina, Genetica, Diritto. Conflitti e Prospettive*. Milano, 1992.

NUDESHIMA, J. Obstacles to Brain Death and Organ Transplantation in Japan. Em: *Lancet* 338 (1991), pp. 1063-1064.

ODUNCU, F. *Hirntod und Organtransplantation. Medizinische, juristische und ethische Fragen*. Göttingen, 1998.

OLICK, R. S. Brain Death, Religious Freedom, and Public Policy: New Jersey's Landmark Legislative Initiative. Em: *Kennedy Institute of Ethics Journal* I, 4 (1991), pp. 275-292.

PALLIS, C. On the Brainstem Criterion of Death. Em: YOUNGNER, S. J.; ARNOLD, R.; SCHAPIRO, R. (eds.). *The Definition of Death. Contemporary Controversies*, cit., pp. 93-100.

PALLIS, C.; HARLEY, D. H. *ABC of Brainstem Death*. London, 1996, 2ª ed.

PERNICK, M. S. Brain Death in a Cultural Context. Em: YOUNGNER, S. J.; ARNOLD, R. M.; SCHAPIRO, R. (eds.). *The Definition of Death. Contemporary Controversies,* cit., pp. 3-33.

PIO XII. Respostas a Algumas Importantes Questões sobre a "Reanimação". Em: *Discorsi ai Medici*. Roma, 1959, pp. 608-618.

POTTS, M. A Requiem for Whole Brain Death: A Response to D. Alan Shewmon's "The Brain and Somatic Integration". Em: *Journal of Medicine and Philosophy* XXVI, 3 (2001), pp. 479-491.

POTTS, M.; BYRNE, P. A.; NILGES, R. G. (eds.). *Beyond Brain Death. The Case Against Brain Based Criteria for Human Death*. Dordrecht, 2000.

POWNER, D. J.; ACKERMAN, B. M. *et al*. Medical Diagnosis of Death in Adults: Historical Contributions to Current Controversies. Em: *Lancet* 348 (1996), pp. 1219-1223.

POWNER, D. J.; BERNSTEIN, I. M. Extended Somatic Support for Pregnant Women After Brain Death. Em: *Critical Care Medicine* 31 (2003), pp. 1241-1249.

President's Commission for the Study of Ethical Problems in Medicine and Biomedical and Behavioral Research Defining Death. A Report on Medical, Legal and Ethical Issues in the Determination of Death, Washington, D.C., 1981.

PROIETTI, R.; ZANGHI, F. Morte Cerebrale. Il Comportamento del Rianimatore. Em: *Medicina e Morale* XXXVI, 3 (1986), pp. 508-514.

PUCA, A. Determinazione e Accertamento della Morte Cerebrale. Panorama Storico. Em: *Medicina e Morale* XLI, 2 (1991), pp. 229-246.

PUCA, A. *Trapianti di Cuore e Morte Cerebrale. Aspetti Etici.* Torino, 1993.

QUANTE, M. *Personales Leben und Menschlichen Tod.* Frankfurt a.M., 2002.

RANDELL, T. Medical and Legal Considerations of Brain Death. Em: *Acta Anaesthesiologica Scandinavica* 48, 2 (2004), pp. 139-144.

Refinements in Criteria for the Determination of Death: An Appraisal. A Report by the Task Force on Death and Dying of the Institute of Society, Ethics and the Life Sciences. Em: *Journal of the American Medical Association* 221 (1972), pp. 48-53.

RIX, B. A. Danish Ethics Council Rejects Brain Death as the Criterion of Death. Em: *Journal of Medical Ethics* 16 (1990), pp. 5-7.

RIX, B. A. The Importance of Knowledge and Trust in the Definition of Death. Em: *Bioethics* IV, 3 (1990), pp. 232-236.

ROSENBOOM, E. *Ist der Irreversible Hirnausfall der Tod des Menschen?* Frankfurt a.M., 2000.

RUSSELL, T. *Brain Death. Philosophical Concepts and Problems.* Aldershot, 2000.

SCHLICH, T. Ethik und Geschichte: Die Hirntoddebatte als Streit um die Vergangenheit. Em: *Ethik in der Medizin* 11 (1999), pp. 79-88.

SCHILICH, T.; WIESEMANN, C. (hg.) *Hirntod. Zur Kulturgeschichte der Todesfeststellung.* Frankfurt a.M., 2001.

SCHÖNE-SEIFERT, B. Defining Death in Germany. Brain Death and Its Discontents. Em: YOUNGNER, S. J.; ARNOLD, R. M.; SCHAPIRO, R. (eds.). *The Definition of Death. Contemporary Controversies*, cit., pp. 257-271.

SEIFERT, J. Is "brain death" actually death? A critique of redefining man's death in termos of "brain death". Em: WHITE, R. J.; ANGSTWURM, H; CARRASCO, dePaula I (eds.). *Working Group on the Determination of Brain Death and Its Relationship to Human Death,* 10-14 december 1989, cit., pp. 95-143.

SEIFERT, J. Is 'Brain Death' Actually Death? Em: *The Monist* LXXVI, 2 (1993), pp. 175-202.

SEIFERT, J. Brain Death and Euthanasia. Em: POTTS, M.; BYRNE, P.; BYRNE, A.; NILGES, R. G. (eds.). *Beyond Brain Death. The Case Against Brain Based Criteria for Human Death,* cit., pp. 201-227.

SEIFERT, J. La Morte Cerebrale Non è la Morte di Fatto. Argomentazioni Filosofiche. Em: BARCARO, R.; BECCHI P. (orgs.). *Questioni Mortali. L'attuale Dibattito sulla Morte Cerebrale e Il Problema dei Trapianti,* cit., pp. 77-97.

SETTERGREN, G. Brain Death. An Important Paradigm Shift in the 20th Century. Em: *Acta Anaesthesiologica Scandinavica* XLVII, 9 (2003), pp. 1053-1058.

SGRECCIA, E. Aspetti Connessi con la Morte Cerebrale. Em: *Medicina e Morale* XXXVI, 3 (1986), pp. 515-526.

SGRECCIA, E.; SPAGNOLO, A. G.; DI PIETRO, M. I. (orgs.). *L'assistenza al Morente. Aspetti Socio-culturali, Medico-assistenziali e Pastorali.* Milano, 1994.

SHEWMON, D. A. The Metaphysics of Brain Death, Persistent Vegetative State, and Dementia. Em: *The Thomist* 49 (1987), pp. 24-80.

SHEWMON, D. A. Brain Death: a Valid Theme with Invalid Variations, Blurred by Semantic Ambiguity. Em: WHITE, R. J.; ANGSTWURM, H; CARRASCO, de Paula I (eds.). *Working Group on the Determination of Brain Death and its Relationship to Human Death,* 10-14 december 1989, cit., pp. 23-51.

SHEWMON, D. A. Recovery from "Brain Death": A Neurologist's Apologia. Em: *Linacre Quarterly* 64 (1997), pp. 30-96.

SHEWMON, D. A. "Brain-stem Death", "Brain Death" and Death: A Critical Re-evaluation of the Purported Equivalency. Em: *Issues in Law & Medicine* XIV, 2 (1998, pp. 125-145 (em BARCARO, R.; BECCHI, P. (orgs.). *Questioni Mortali. L'attuale Dibattito sulla Morte Cerebrale e Il Problema dei Trapianti,* cit. pp. 177-204).

SHEWMON, D. A. Chronic "Brain Death": Meta-analysis and Conceptual Consequences. Em: *Neurology* 51 (1998), pp. 1538-1545.

SHEWMON, D. A. Spinal Shock and "Brain Death": Somatic Pathophysiological Equicalence and Implications for the Integrative-Unity Rationale. Em: *Spinal Cords* XXXVII, 5 (1999), pp. 313-324.

SHEWMON, D. A. The Brain and Somatic Integration: Insights Into the Standard Biological Rationale for Equating "Brain Death" With Death. Em: *Journal of Medicine and Philosophy* XXVI, 5 (2001), pp. 457-478.

SINGER, P. Il Concetto di Morte Tra Etica Filosofica e Medicina. Em: *Politeia* V, 16 (1989), pp. 4-9.

SINGER, P. Morte Cerebrale ed Etica della Sacralità della Vita. Em: *Bioética* VIII, 1 (2000), pp. 31-49 (em: BARCARO, R.; BECCHI, P. (orgs.). *Questioni Mortali. L'attuale Dibattito sulla Morte Cerebrale e Il Problema dei Trapianti,* cit. pp. 99-121).

SINGER, P. *Rethinking Brain Death. The Collapse of Our Tratidional Ethics* (1994); tradução italiana: *Ripensare la Vita. La Vecchia Morale non Serve più.* Milano 1996 (reimpressão, com novo título: *Ripensare la vita. Tecnologia e Bioética: una Nuova Morale per il Mondo Moderno.* Milano, 2000).

SINGER, P. *Writings on an Ethical Life* (2000), tradução italiana: *La Vita Come si Dovrebbe. Le idee che Hanno Messo in Discussion la Nostra Morale.* Milano, 2001.

SOMMAGGIO, P. *Il Dono Preteso. Il Problema del Trapianto di Organi: Legislazione e Principi.* Padova, 2004.

SOIKE, J., GREENLAW, J. "Ethics Consultation: Persistent Brain Death and Religion. Must a Person Believe in Death to Die"? Em: *Journal of Law, Medicine & Ethics* XXIII, 3 (1995), pp. 291-294.

STANZIONE, P. (org.). *La Disciplina Giuridica dei Trapianti.* Milano, 2000.

STAPENHORST, K. Über die Biologisch-naturwissenschaftlich Unzulässige Gleichsetzung von Hirntod und ihre Folgen für die Medizin. Em: *Ethik in der Medizin* 8 (1996), pp. 79-89.

STOECKER, R. *Der Hirntod. Ein medizinethisches Problem und seine Moralphilosophische Transformation.* Freiburg/München, 1999.

STOECKER, R. Sind Hirntote Menschen wirklich tot?, em: DÜWELL, M.; STEIGLEDER, K. (hg.) *Bioethik. Eine Einführung.* Frankfurt a.M., 2003, pp. 298-305.

STOECKER, R. Dalla Morte Cerebrale alla Dignità Umana. Per il Superamento Filosofico-Morale del Dibattito sulla Morte Cerebrale. Em: BARCARO, R.; BECCHI, P. (orgs.). *Questioni Mortali. L'attuale Dibattito sulla Morte Cerebrale e il problema dei trapianti*, cit. pp. 141-154.

TAYLOR, R. M. Reexamining the Definition and Criteria of Death. Em: *Seminars of Neurology* 17 (1997), pp. 265-270.

THOMAS, H. Sind Hirntote Lebende ohne Hirnfunktionen oder

Tote mit erhaltenen Körperfunktionen? Em: *Ethik in der Medizin* 6 (1994), pp. 189-207.

TOZZINI, U. *Mors tua Vita mea. Espianto d'Organi Umani: la Morte è un'Opinione?* Napoli, 2000.

TRUOG, R. D. Is it Time to Abandon Brain Death?, em: *Hastings Center Report* XXVII, 1 (1997), pp. 29-37 (em BARCARO, R.; BECCHI, P. (orgs.). *Questioni Mortali. L'attuale Dibattito sulla Morte Cerebrale e il Problema dei Trapianti*, cit. pp. 205-229.

TRUOG, R. D. Organ Transplantation Without Brain Death. Em: *Annals of the New York Academy of Science* 913 (2000), pp. 229-239.

TRUOG, R. D.; FACKLER, J. Rethinking Brain Death. Em: *Critical Care Medicine* XX, 12 (1992), pp. 1705-1713.

TRUOG, R. D.; ROBINSON, W. M. Role of Brain Death and the Dead-Donor Rule in the Ethics of Organ Transplantation. Em: *Critical Care Medicine* XXXI, 9 (2003), pp. 2391-2396.

University of Pittsburgh Medical Center Policy and Procedure Manual: Management of Terminally Ill Patients Who May Become Organ Donors after Death. Em: *Kennedy Institute of Ethics Journal* III, 2 (1993), pp. A1-A15.

VEATCH, R. M. The Determination of Death: Ethical, Philosophical, and Policy Confusion. Em: *Annals of the New York Academy of Science* 315 (1978), pp. 307-321.

VEATCH, R. M. *Death, Dying, and the Biological Revolution: Our Last Quest for Responsibility.* New Haven, 1989, ed. rev.

VEATCH, R. M. Brain Death and Slippery Slopes. Em: *Journal of Clinical Ethics* 3 (1992), pp. 181-187.

VEATCH, R. M. The Impending Collapse of the Whole-Brain Definition of Death. Em: *Hastings Center Report* XXII, 4 (1993), pp. 18-24.

VEATCH, R. M. *Transplantation Ethics*. Washington, D.C, 2000.

VIAFORA, C. La Bioética Alla Ricerca della Persona Negli "Stati di Confine". Em: VIAFORA, C. (org.) *La Bioética Alla Ricerca della Persona Negli Stati di Confine*. Padova, 1994, pp. 19-42.

WHITE, R. J.; ANGSTWUR, H.; CARRASCO, de Paula I. (eds.). *Working Group on the Determination of Brain Death and Its Relationship to Human Death 10-14 december 1989*. Città del Vaticano, 1992.

WIESEMANN, C. Hirntod und Gesellschaft. Argumente für Einen Pragmatischen Skeptizismus. Em: *Ethik in der Medizin* 7 (1995), pp. 16-28.

WIJDICKS, E. F. M. The Diagnosis of Brain Death, em: *New England Journal of Medicine* 344, 16 (2001), pp. 1215-1221.

WIJDICKS, E. F. M. (ed.) *Brain Death*. Philadelphia, 2001.

WIJDICKS, E. F. M. Brain Death Worldwide. Accepted Fact but no Global Consensus in Diagnosis Criteria. Em: *Neurology* 58 (2002), pp. 20-25.

WIKLER, D. Brain Death: A Durable Consensus?, em: *Bioethics* VII, 2/3 (1993), pp. 239-246 (a tradução italiana ampliada foi publicada com o título "La Morte Cerebrale: un Consenso Duraturo"? Em: *Bioética* I, 2 (1993), pp. 226-235).

WIKLER, D. Brain-related Criteria for the Beginning and End of Life. Em: *Transplantation Proceedings* XXII, 3 (1990), pp. 989-990.

WIKLER, D.; WEISBARD, A. J. Appropriate Confusion Over "Brain Death" (editorial). Em: *Journal of the American Medical Association*, 261 (1989), p. 2246.

Working Group of the Royal College of Physicians, Criteria for the diagnosis of brain Stem Death. (Review by a Working Group Convened by the Royal College of Physicians and Endorsed by the

Conference of Medical Royal Colleges and Their Faculties in the United Kingdom). Em: *Journal of the Royal College of Physicians* 29 (1995), pp. 381-382.

YOUNGNER, S. J. Brain Death and Organ Transplantation: Confusion and its Consequences. Em: *Minerva Anestesiologica* 60 (1994), pp. 611-613.

YOUNGNER, S. J. *et al.* "Brain death" and Organ Retrival: A Cross-Sectional Survey of Knowledge and Concepts Among Health Professionals. Em *Journal of the American Medical Association* 261 (1989), pp. 2205-2210.

YOUNGNER, S. J. Defining Death. A Superficial and Fragile Consensus. Em: *Archives of Neurology* 49 (1992), pp. 570-572.

YOUNGNER, S. J.; ARNOLD, R. M.; SCHAPITO, R. (eds.). *The Definition of Death. Contemporary Controversies.* Baltimore/London, 1999.

YOUNGNER, S. J.; ARNOLD, R. M. Philosophical Debates About the Definition of Death: Who Cares?, em: *Journal of Medicine and Philosophy* XXVI, 3 (2001), pp. 527-537.

Esta obra foi composta em CTcP
Capa: Supremo 250g – Miolo: Pólen Soft 80g
Impressão e acabamento
Gráfica e Editora Santuário